MON CIEL ET MA TERRE

Aure Atika

Mon ciel et ma terre

Fayard

Couverture : Antoine du Payrat
Photographie : DR, collection particulière de l'auteur.

ISBN : 978-221368-710-0
© Librairie Arthème Fayard pour la présente édition, 2017.
Dépôt légal : février 2017.

# 1

J'ai cessé de crier « maman ». Elle ne sait peut-être pas que c'est moi. Cela pourrait être n'importe quel enfant qui appelle n'importe quelle maman. Alors que c'est moi. Son unique. Je me suis réveillée tout à l'heure, il faisait encore nuit, elle n'était pas là, pas dans notre pièce. J'étais amputée. J'ai couru à la fenêtre et j'ai pleuré.

Maintenant le jour se lève, gris, et j'appelle :
« Odette, Ode ! »

J'alterne. Je hurle ses deux prénoms, celui de sa naissance et celui qu'elle s'est donné, pour être certaine qu'elle puisse se reconnaître. Tous ses amis l'appellent Ode. Elle dit aussi Ode quand elle se présente. Odette, elle l'a peut-être oublié ou ne sait pas que c'est elle qui est concernée. Ode, elle va savoir. Alors, j'alterne :
« Ode ! Odette ! »

Le front collé à la vitre, mon regard se heurte à une grille de trous noirs : les fenêtres du mur en face. Mes cris mouillés s'y noient.

Un à un.

Je veux que tout soit comme avant, qu'elle soit contre moi, mais personne ne traverse le petit bout de cour que je peux observer du haut de mes quatre ans. Je ne vois que la pierre des pavés et un arbuste sans feuilles perdu dans un gros pot près de l'entrée sombre de l'escalier B. Je reste seule, sans réponse. L'arbuste ne frémit même pas devant ma détresse.

Mon petit corps a déployé toute son énergie, je suis épuisée d'avoir pleuré et hurlé ce qui m'a semblé être des heures. Ma volonté seule ne suffit pas, mon échec me revient en pleine face. Pas un mouvement de rideaux pour me signifier que je suis entendue, pas une voix en retour. Je me sens minuscule. Compacte et si dense de désespoir, je suis comme un bloc en sanglots. Elle n'est pas là, je ne peux plus penser, plus jouer, plus vivre. Je suis finie.

Je regarde le jour prendre le pas sur la nuit. Mon cauchemar devient de plus en plus prégnant, pétrifié par le soleil qui pointe son nez. Je n'en vois pas la fin. Je redouble de cris, mes larmes me brûlent et je sens mon corps qui bouillonne. Je suis maintenant en fusion. Ma peau est comme à vif de douleur, brûlée par son absence, de la pointe de mes orteils au sommet de la tête.

Dans le sillage de maman, je vis sans penser, ma vie n'est qu'un tout, une évidence : je suis, tout simplement. Là, je me noie dans une solitude malvenue. Je ne sais que faire de moi, de ce corps. L'absence de maman s'impose subitement comme un personnage trop envahissant. Je ne sais comment respirer sous cette vague de solitude. Je n'en veux pas. Je veux me refondre dans ses jupons. J'arrête tout pour qu'elle m'entende. Je gémis. Il n'y a plus d'espoir. Maman a disparu. J'ai bavé sur la vitre. Le jour s'est levé. Et il est gris.

Je perçois des bruits de pas sur le pavé de la cour. Du haut de mes trois pommes, je ne peux toujours rien voir. Je pleure de plus belle. Les pas sont dans l'escalier, de plus en plus forts. Je ne peux pas bouger, avide de me jeter dans ses bras, effrayée que cela ne soit peut-être pas elle, ma sauveuse.
Enfin, le bruit de la serrure. La porte s'ouvre. C'est Elle. Elle, avec sa peau mate, ses yeux noirs, son nez droit et sa bouche charnue. Ses longs cheveux bruns négligemment bouclés, lâchés sur son imper clair. Elle est légère et légèrement gaie. Son pas qui la mène jusqu'à moi est trop fringant face à mon drame. Trois taches blanches contrastent avec ses cheveux et sa peau et m'aveuglent : l'imper, ses dents et le petit sac en papier qu'elle tient à la main. Étonnée de me voir ainsi, tel un lambeau dégoulinant,

étrangement souriante, Maman me prend dans ses bras et d'une douceur lente et détachée me lance :
« Mais qu'est-ce qui t'arrive ? J'étais juste allée chercher des bonbons, tiens, regarde ! »

Je me détourne de ces filaments acides et colorés. Ils ne sont rien face au trou béant où a sombré mon corps. Maman est encore dans sa nuit, dans une autre énergie, avec d'autres ou un autre. Elle ne veut pas revenir à moi. Pour un peu, elle balaierait mes pleurs d'un geste. Pour un peu, je l'agacerais à gâcher son flottement bienheureux.

Je la sens pleine d'un autre monde auquel je ne suis pas conviée, de rencontres, de rires, d'expériences... Je touche son nez, sa joue, sa bouche, mais ce n'est qu'une enveloppe vide. Elle est là sans être là.

Je prends ce qu'elle a à m'offrir, son odeur, sa chaleur et sa peau ; je m'endors la tête dans son cou, les mains agrippées à son imper qu'elle n'a pas eu le temps d'ôter.

Je me contenterai de son retour.

# 2

Nous habitons rue de Verneuil, à Paris, pas loin de chez Gainsbourg. Je dors dans un renfoncement de notre chambre de bonne, un placard sans porte. C'est mon choix. Je m'y sens bien : c'est ma cabane dans la cabane. De ma pénombre, je la vois vivre. Maman apprend à jouer du sitar et passe des heures à pratiquer, la tête penchée, entièrement concentrée sur cette guitare au si long manche. Je déteste le son de cet instrument et très vite, à chaque fois, sans pouvoir m'en empêcher, je pleure, fort. Je suis persuadée qu'elle m'oublie. Je gagne, elle s'interrompt en riant, et je reprends vite ce qui est ma place à moi, dans ses bras.

Nous revenons des courses les bras chargés et montons les escaliers vers « nos appartements », tout en haut. Sans prévenir, entre deux étages, elle s'arrête, s'assoit sur les marches, lâche ses sacs et s'écroule en larmes. Elle attrape les pans de sa jupe longue et s'en couvre le visage.

Je reste debout, interdite, quelques marches au-dessous, mes courses au bout des bras. Je ne l'ai jamais vue comme ça.

« Maman, maman, qu'est-ce qu'il y a ? »

Ça doit être grave.

Elle pleure, elle pleure. Elle pleure fort.

« J'en ai marre. C'est dur… »

Je regarde sa détresse. Je me rapproche.

« Je suis toute seule, je n'ai pas d'argent, je sais pas comment faire, je suis fatiguée… C'est dur. »

Ma maman est triste, la tête enfouie dans ses bras, les sacs de courses aplatis sur ses pieds. Derrière ses cheveux bruns qui cachent son visage, je vois sa nuque vibrer sous les sanglots.

« Mais non, maman, tu n'es pas toute seule, je suis là, moi. »

J'avance ma main et la pose sur son bras, mais cela ne la fait pas réagir. Je sens bien qu'elle est trop petite, trop légère pour la réconforter.

« Maman, tu connais la chanson bleue ? »

Et j'entonne, sur une mélodie incertaine : « Le ciel est bleu, les nuages sont bleus, la mer est bleue, mes pieds sont bleus, la robe est bleueeee. »

Je cherche, j'improvise.

« Les murs sont bleussss, les escaliers sont bleus, maman est bleue… »

Elle a relevé la tête. Je crois qu'elle aime ma chanson.

C'était la fin de matinée d'un dimanche. Peu importe lequel. Il n'y a pas si longtemps. J'avais acheté des kilos de fruits et de légumes chez le grand maraîcher de la rue du Faubourg-Saint-Denis. Les kiwis n'étaient pas mûrs, alors j'avais pris de la mangue.

L'air n'était ni frais ni chaud. Le soleil et les nuages se répartissaient équitablement le ciel, veillant sur la chorégraphie douce, gaie et fluide des passants et commerçants. Tout était en équilibre.

Une fois posés les sacs en papier sur le plan de travail, j'avais pioché dedans et harmonisé les couleurs et les saveurs. Fenouil, pommes, poires, fraises, une branche de céleri, un peu de persil, un morceau de radis noir. Je les avais lavés et coupés en gros morceaux. Je les préparais pour la centrifugeuse, notre déesse du dimanche midi.

Plus tard, le déjeuner était prêt, le poulet ou les filets de merlan, je ne m'en souviens plus, étaient chauds, j'avais posé les grands verres de jus fraîchement pressés sur la table, devant les enfants, et je m'étais assise entre mon homme et les deux filles. Ils débattaient tous les trois, gentiment, sur l'exposé d'histoire de la grande pas si grande. Je n'avais pas eu envie de me raccrocher à la conversation, je les avais regardés vivre, je m'étais regardée assise là, ce dimanche midi, parmi cette famille recomposée parfaite. La cuisine était lumineuse, les enfants joyeux, l'homme paisible, les jus colorés. D'un coup, cette douceur m'avait paru trop violente. Je n'avais pas l'habitude de tout ce bonheur.

J'avais paniqué intérieurement. C'était trop rose, trop suave. J'avais besoin de mes racines. Je m'étais levée, j'avais saisi mon iPhone et lancé David Bowie sur les enceintes.

Mon homme s'était renfrogné : la musique leur coupait la parole.

Je ne pouvais pas me résoudre à ce bonheur paisible du dimanche en famille. Je voulais mon cocon à moi, du Bowie et de la guitare électrique.

J'ai entrepris de raconter aux filles, forcées de m'écouter, les costumes fantastiques du chanteur selon ses albums.

J'ignorais les sourcils froncés de mon fiancé, mais, pendant que je leur dépeignais les personnages d'Aladdin Sane et de Ziggy Stardust, me revenait en tête son envie d'aménager la maison de campagne : une cuisine d'extérieur, un grand évier en pierre pour y nettoyer des poissons. Je me suis dit que la fin de nos vies serait de mourir comme ça, *au milieu de nos saumons fumés faits maison, dans une région où il n'y a même pas la mer. D'y penser, j'agonisais déjà.*

*J'ai mis David Bowie encore plus fort. On ne pouvait plus se parler. Mon homme me fixait, les enfants me regardaient. Les couleurs vives et franches des jus m'agressaient. David Bowie était à table avec nous et je ne le ferais pas taire. Là, maintenant, ce serait renoncer. À la poésie, à la vibration de la vie. Ce serait renier d'où je viens.*

*Faire taire David Bowie, ce serait faire taire ma mère.*

*Aujourd'hui, tout de suite, j'en ai besoin. J'ai besoin de savoir que je viens de là et que ce chaos, ces imprévus, ces éclats sont toujours possibles. J'ai besoin de la faire vivre. Sans cela, je ne peux pas survivre ni continuer.*

# 3

Je dépose un franc dans le pot quand je ne fais pas pipi au lit, et j'ai droit à une douche froide quand je fais. Ce n'est pas moi qui mets la pièce dans le pot, il est beaucoup trop haut, posé sur une étagère de la cuisine. Quant à la douche, si j'avais pu m'en occuper moi-même, je l'aurais fait couler plus chaude sur mon dos et mes fesses. Là, glacée, ça fait mal. C'est Babette, la mère d'un ami de maman, qui s'en charge. Elle est allemande. Et elle sait y faire, dit-elle. J'habite dans sa maison en pierre pour une année, près de Bonnieux, dans le Lubéron, pour le bon air, et, comme cela, maman peut se concentrer à Paris. La tête libre, elle va « pouvoir avancer sur ses projets de films ».

Le matin, c'est super, je mange des œufs à la coque des poules du jardin et, parfois, avec Vanessa ma voisine, on aide pour la cueillette des asperges du champ d'à côté. Le paysan nous confie une sorte de cuillère spéciale, fine

et longue, pour les sortir de terre ; ça s'appelle une gouge et, à chaque fois qu'on prononce le mot, on rigole. Alors, avec Vanessa, on le répète encore et encore : « Gouge ! Gouge ! Gouge ! »
Maman me rend visite tous les deux mois. Je suis heureuse, à part cette histoire de pipi que je n'arrive pas à maîtriser.
Une fois, en allant cueillir des mûres, j'ai eu très envie, d'un coup. J'ai fait demi-tour et j'ai couru vers la maison, mais c'est venu trop vite. Debout au milieu du chemin, les jambes écartées pour minimiser les dégâts, des mûres plein les mains, j'ai regardé couler le filet clair le long de mes cuisses jusqu'à mes sandales ajourées. J'ai levé la tête, la maison semblait plus imposante encore, ses pierres me narguaient, froides malgré le soleil doré qui tapait dessus, impassibles. J'ai éclaté en sanglots. Si près du but.
Je suis rentrée tout doucement, je savais que j'aurais droit à la voix allemande de Babette. Quand elle se fâche, son accent est plus fort, on dirait un soldat. La bâtisse était toute trouble, à cause des larmes et de ma poitrine qui sursautait toute seule. Ma culotte, mon short, mes joues étaient trempés et, de mes mains serrées, coulaient des filaments rouges, les mûres, écrasées de désespoir.
L'année est terminée. Je ne dois plus marcher jusqu'au bout du chemin pour attendre le

bus qui m'emmène à l'école. Maman vient me récupérer. Elle s'exclame que, pour un peu, elle ne m'aurait pas reconnue tellement mes joues et mes fesses sont roses et rebondies. Je lui réponds : « Pourquoi on n'habite pas à la campagne ? »

Pendant les trois jours qui suivent, assise à l'arrière de la R16, ou à la terrasse du café de Bonnieux, je la regarde répéter les mêmes phrases à ses quelques amis du coin ou aux quelques connaissances que nous croisons : « Ma fille me dit : "Viens, on habite à la campagne." J'ai envie de l'écouter. Je fais confiance à son instinct. Elle a sûrement raison. Elle sait ce qui est bien pour nous, elle voit toujours juste. »

Très vite, elle trouve une minuscule maison à louer, accolée à celle d'un paysan, monsieur Sixt, sur la route de crête qui mène vers Buoux. Ça fait beaucoup de x, j'aime bien.

En fait de maison, ce sont deux pièces, tout en pierre. On dort ensemble et, quand il pleut, ça goutte dedans. Il faut alors mettre des casseroles autour du lit pour récupérer l'eau. Le bruit des gouttes dans les récipients, on l'a appelé « la mélodie de la pluie ».

J'émerge de ma sieste, je l'entends fredonner. Je reconnais les paroles. « J'aime flâner sur les grands boulevards... y'a tant de choses, tant de choses, tant de choses à voir... » Je m'ôte des draps froissés, je la rejoins vers la lumière, vers la chaleur, sur le perron. Yves Montand aux lèvres, elle se tient debout, penchée sur une bassine jaune posée près de l'evier en pierre. Sa peau caramel est juste voilée par une culotte et un soutien-gorge, et deux tentacules rose fluo : ses bras habillés jusqu'aux coudes de longs gants en caoutchouc. Pour faire la vaisselle, elle protège toujours ses mains et ses ongles. Assise sur une marche de l'entrée, à l'ombre, je tripote un brin de lavande et regarde, hypnotisée, ces deux tiges roses plonger dans la mousse.

Nouvelle vie, nouveaux amis... Monsieur Sixt, notre voisin, nous invite de temps en temps dans son antre, qui n'est pas plus grand que le nôtre. Il nous prépare des galettes de sarrasin sur son poêle à bois et parle trop. « Pour une fois qu'il a de la visite. » Moi, je ne me lasse pas de regarder les galettes durcir et changer de couleur sur le poêle et j'écoute sa musique de mots. Je ne comprends rien, il parle patois, et maman ne saisit rien non plus. Elle lève les yeux au ciel. C'est pour ça qu'elle n'aime pas y aller et aussi parce que, elle, les galettes de sarrasin, ça ne l'intéresse pas.

Mais ma vraie passion, c'est les chèvres. Alors, quand maman m'a dit qu'elle avait de nouveaux copains et qu'ils étaient éleveurs, j'ai insisté pour que nous y allions.

Je glisse mes doigts à travers la barrière et les offre aux bébés chèvres qui les tètent. Ça chatouille, ça pince, j'adore ça. À force de me voir débouler régulièrement, les propriétaires nous proposent, à maman et à moi, de promener le troupeau à leur place.

Nous voilà parties toutes les deux à travers les chemins secs de la Provence. Ça sent bon la garrigue, je suis libre, grande et fière, excitée d'avoir cette troupe sous mon petit bâton. Je me retiens de sautiller et de gambader comme le chien qui nous accompagne, je suis une véritable bergère. D'un pas qui se veut assuré, j'essaie de paraître aussi calme que maman, mais je n'arrive pas à me défaire du large sourire qui me barre le visage et de l'excitation qui anime mes yeux. Nous arrivons dans le pré. Les bêtes s'arrêtent, rodées à leur parcours quotidien, et, du coup, nous aussi. Maman étend deux paréos, se met nue et s'enduit méticuleusement d'huile d'olive sur tout le corps pour mieux bronzer. Elle roule et fume sa petite cigarette secrète, celle qui lui fait les yeux fendus et rieurs, avant de s'endormir. Les chèvres m'ignorent, je n'ai plus rien à faire, le soleil tape trop fort. Je rejoins maman dans le sommeil, bercée par les grillons et l'odeur de la garrigue.

Quand nous nous réveillons, beaucoup plus tard, assommées de chaleur, il n'y a plus de troupeau, plus de chèvres, plus de chien. Nous nous tenons toutes les deux, maman à poil, odorante et luisante, et moi, trop rouge de soleil, debout sur nos paréos, seules au milieu du champ vide, la main en visière, à guetter désespérément les bêtes autour de nous.

Nous les cherchons pendant des heures. Même quand le tonnerre éclate, nous continuons, trempées jusqu'à l'os, hurlant les prénoms que je leur ai attribués sur la route : « Les biquettes ! Caramel ! Belle ! Cannelle ! Cachou ! » Nos voix se perdent sous les grondements de l'orage. J'ai peur. La nuit est tombée, nous renonçons et décidons de rentrer.

Mais nous sommes perdues, nous ne voyons plus rien, nous ne retrouvons plus le chemin de la ferme. Impossible de s'abriter sous les arbres à cause de la foudre : on avance, seulement guidées par les éclairs. Quand, enfin, nous reconnaissons les lumières de la maison, on crie, on court.

Les fermiers ont fini de dîner, ils commençaient à s'inquiéter : les chèvres sont rentrées toutes seules, sans nous. Ça les fait tous beaucoup rire, ils trinquent. Je suis soulagée d'être à l'abri, mais, enroulée dans ma serviette, sur ma chaise au bout de la table, j'ai honte. Je ne suis pas une bonne bergère.

Quelques jours plus tard, ils m'ont offert Caramel, ma préférée. Je l'installe dans la petite grange, là où maman me fait classe. Elle a décidé de « faire fi » de l'enseignement classique, « trop conformiste », et a entrepris de m'apprendre à lire et à écrire elle-même plutôt que de m'envoyer à l'école. Elle a installé un tableau noir, a arrangé quelques bottes de foin pour que je puisse m'asseoir. Mais elle n'a pas la patience, maman, et Caramel m'amuse plus que ses « b et a ça fait ba », « b et i ça fait bi »… Elle renonce vite.

Elle ne chantonne plus, elle soupire.

Un matin, sans prévenir, maman annonce qu'elle en a marre de faire la vaisselle dans la bassine, même avec des gants, et qu'il pleuve à l'intérieur. Alors on rend la chèvre, on dit au revoir à monsieur Sixt et on rentre à Paris, dans notre R16 bleu marine que j'ai surnommée Marie-Rose. Quand elle ne veut pas redémarrer, je me penche et j'étends mes bras sur son large capot, je lui fais un câlin, un bisou, et je l'encourage : « Allez, Marie-Rose ! On a besoin de toi, il faut repartir maintenant, s'il te plaît. »

Et la voiture redémarre.

# 4

Depuis le début du week-end, mon cousin et moi, on n'a pas arrêté de jouer. Au Monopoly avant le pique-nique au Parc floral, à Atari en rentrant, et puis ce matin, enfermés dans sa chambre, à répéter nos chorégraphies sur *Macao* et *Village People*.
À part les 45-tours que nous faisons avaler au mange-disque tout est droit, anguleux, carré ou rectangulaire dans cet appartement du onzième étage de la tour B. Les murs, leurs arêtes tranchantes, les poignées glacées, les portes légères et lisses. Tout est à sa place, empilé, aligné, rangé dans des armoires et des placards. Les coquillages rapportés des îles sont derrière des vitrines, à l'abri de la poussière, qui n'existe de toute façon pas ici. Le chocolat, rangé au frigo, en a perdu son goût. Il y a une réserve de gâteaux dans un placard de la cuisine : du Savane, des sablés à la noix de coco, des petits-beurre, des BN… assez pour tenir un mois entier. C'est la caverne d'Ali Baba : j'aime entrouvrir la porte et constater

qu'ils sont bien là. À la maison, quand par chance il y a un paquet de gâteaux, il est vite entamé, avalé. Chez tatie, j'aime les regarder empilés. Cela me comble de savoir que, plus tard dans la journée, elle nous appellera pour le goûter. Ce sera la fête. Elle aura découpé des tranches de Savane, on boira de l'Oasis en chantant comme Carlos.

J'aime contempler ces trésors, comme j'aime m'étonner devant les piles de draps rangés par taille et si soigneusement pliés dans l'armoire Conforama du couloir. Elle pourrait ouvrir une boutique, je me dis, et je pense avec plus de tendresse encore à mon unique taie d'oreiller, celle avec Bambi assis sur un ciel bleu ciel. Jamais je ne m'en séparerai.

J'aide tatie à débarrasser le déjeuner du dimanche trop copieux. Elle rince les assiettes sous le jet du robinet, je les range dans le lave-vaisselle et tandis que je me dis que c'est bête de les laver deux fois, elle se tourne vers moi, la tête penchée, les yeux rieurs.

« Qu'est-ce qu'elle me défendait, ta mère, à l'école ! Pourtant, j'étais l'aînée, mais j'étais toute frêle. Si un garçon osait venir m'embêter, elle n'avait pas peur, elle se bagarrait avec lui ! Après, plus personne ne m'approchait. Un vrai garçon manqué. À la maison, c'est elle qui nous faisait réciter les leçons. Et attention, il fallait se tenir bien droit, les mains derrière le dos. Si on trébuchait sur un mot, elle nous faisait recommencer encore et encore. »

Je repars dans le salon la retrouver, maman, ma chef de meute, venue me chercher à la fin de ce week-end.

Elle est allongée sur le canapé en cuir marron, les yeux fermés. Elle ne bouge pas. Elle est arrivée tard au déjeuner, on finissait le poulet aux olives, elle n'avait pas très faim, elle rêvait d'un café. Je l'appelle. Elle ne répond pas. Je lui touche le bras, elle ne réagit pas. Pas du tout. Elle est morte.

Un gouffre s'ouvre dans ma poitrine. Je regarde ma maman morte, comme ça, d'un coup. Mes larmes coulent, je gémis. Tatie arrive, inquiète. Elle secoue le bras de sa sœur.

« Odette, réveille-toi, tu fais peur à ta fille. »

Maman ouvre les yeux. Je pleure de plus belle, encore plus fort, choquée de ce que j'ai cru. Son mascara bave un peu, elle est encore dans son rêve, elle ne comprend pas ce qui m'arrive.

*Quand maman me raconte son enfance au Maroc, son visage est lumineux, le souvenir léger et joyeux :*

*« Mon père était tailleur, toujours extrêmement élégant, en costume trois-pièces, tiré à quatre épingles. Une fois, je l'ai croisé dans le bus, il se tenait droit, très chic, un journal à la main. Il faisait semblant de lire : il le tenait à l'envers.*

*« Quand il rentrait du travail, je lui lavais les pieds. C'était comme ça au Maroc. C'était à la fois une forme de respect et un privilège. Ça lui faisait plaisir, ça me faisait plaisir. J'étais sa préférée. »*

*Dans un sourire, elle ajoute : « Ma mère, elle élevait ses sept enfants, parfois à coups de ceinture. Un jour, adolescente, j'ai été l'attendre devant la synagogue, à Casa, un sandwich au jambon à la main, dans lequel je mordais de bon cœur. Elle a compris qu'il fallait pas m'emmerder. »*

*Mon Ode. Une effrontée.*

# 5

Maman m'a acheté des patins à roulettes. À quatre roues. Il faut caler le talon dans la coque en fer et lier la chaussure par deux sangles en cuir. Arrivée à l'angle de la rue des Quatre-Fils, là où le trottoir est plus large, presque comme sur les Champs-Élysées, ma mère ralentit à peine et me lance : « Allez, entraîne-toi, pratique ! Je reviens plus tard. »

Mes deux amas de métal et de cuir à la main, je la regarde descendre la rue Vieille-du-Temple. La rue est tellement longue, j'ai tout le temps de la voir partir et de sentir s'abattre sur mes épaules la désolation de ce compagnonnage forcé.

Je lui obéis et mets mes patins. Je fais durer ces quelques secondes de gagnées avant de devoir me redresser et me lancer. Je m'y reprends à plusieurs fois pour bien serrer les sangles : il ne faut pas que le talon se décolle.

Je me lève enfin. Penchée en avant, j'enchaîne les pas courts, le corps raide. Je n'ose pas me laisser aller. Je frôle la délicieuse sensation de glisse trop brièvement pour me relâcher. La peur reprend le dessus. Et la solitude. Je persévère dans mon mauvais entraînement sans entraîneur, sur ce maudit trottoir, au milieu des passants.

Au bout d'une heure à tenter pour ne rien gagner, ni la griserie de glisser, ni même des bleus parce que trop prudente, je m'assois sur un palier de porte et j'attends son retour. J'attends activement. La rue Vieille-du-Temple est longue, très longue. Mon regard se porte le plus loin possible, je scanne les silhouettes qui n'en sont pas encore. Ce sont juste des taches de couleur qui, en s'approchant, s'étirent, se fendillent de bras et de jambes, d'une boule pour la tête. Je tâche de reconnaître ma mère, par la couleur du vêtement, le rythme de la démarche, la coupe de cheveux... Ce n'est jamais elle.

C'est insupportable de me regarder attendre. Je n'ai pas envie d'avoir mal. Je m'abstrais.

Je discute avec moi-même. J'imagine un Paris fait tout en chewing-gum Malabar : c'est beau, ces trottoirs, ces immeubles roses, mais décidemment trop collant pour marcher. Alors on-aurait-dit-que-j'irais-à-l'école-à-cheval, comme la Garde républicaine que je croise parfois sur les quais, et je parle à mon bel étalon noir. Je galope dans les rues de Paris, je l'attache devant l'école.

Je veux oublier ce trottoir froid qui me glace les fesses depuis trop longtemps et maman qui reviendra seulement quand elle voudra.

# 6

Je regarde des dessins animés à la télé pendant que maman prépare le dîner. Un homme brun, grand, une bouteille de vodka à la main, s'assoit à côté de moi. Lui aussi veut regarder la télé, mais pas mon dessin animé. Moi, je n'ai pas envie de changer de chaîne. Il s'appelle Michel, il est de passage à Paris, maman l'héberge pour quelques jours. Quand je suis rentrée de l'école, elle m'a dit que c'était mon père. Pour moi, c'est un mot abstrait. Je vois juste un adulte bougon. Je refuse encore. Il m'attrape, me met cul nul sur ses genoux et me donne une fessée. La première de ma vie. Je hurle.

« Maman ! Maman ! »

Elle déboule. Il argue des principes de l'autorité parentale, qu'il faut apprendre aux enfants à respecter leur père. Maman le fout dehors. Ma maman.

*Mon père. Je l'ai revu encore trois fois. Cela aurait pu être quatre, mais, la dernière fois que cela a été possible, je n'ai pas voulu. Quand ils ont découvert son corps, les gendarmes m'ont dit qu'il était mort depuis au moins trois semaines. Je n'avais pas eu envie de voir un cadavre tout violet et bouffi.*

# 7

Parfois, je la surprends la tête en bas. Elle fait du yoga et elle reste ainsi sur la tête pendant longtemps, les jambes bien droites, pieds pointés vers le ciel. Je change de pièce, je repasse, elle est dans la même position. Quand elle redescend, ou remonte, c'est selon comment on voit les choses, elle me propose de faire l'avion. Elle s'allonge sur le dos, tend les jambes et appuie ses pieds contre mon ventre. Je lui tiens les mains et elle monte doucement les jambes à 90 degrés. Ça comprime et chatouille le ventre en même temps. J'adore. J'ai un peu peur de tomber, mais pas tout à fait, parce que maman est là, alors j'en redemande. On reste comme ça, je tangue doucement au-dessus d'elle. Quand je me sens bien stable, elle m'encourage et je lâche ses mains. Je vole, je suis un avion.

Ma mère a toujours aimé les belles histoires, celles qui se racontent bien.

Elle était amoureuse d'un bel homme. Un soir, elle se rend chez lui. Elle frappe à sa porte, il n'est pas là, mais sa clef est sous le paillasson. Elle entre et l'attend. Il n'est pas surpris en arrivant.
« Je savais que tu viendrais. »
Ils prennent de la mescaline, comme Antonin Artaud, Jim Morisson et Aldous Huxley. Ils font l'amour, hallucinés. Après avoir joui, il la regarde au fond des yeux et lui annonce :
« Je t'ai fait un enfant. »
Ma mère concluait ce récit par la même phrase : « Et neuf mois plus tard, tu es née », comme la fin d'un conte de fées.
C'était ma légende, celle de ma conception.

Plus tard, quand j'ai voulu en savoir plus sur lui, elle me servait la même rengaine qui suffisait à le résumer :

« *Ton père était le plus jeune et le meilleur directeur de la photo. Il avait beaucoup de charisme, il était intelligent et très beau.* » Elle tenait à ce que j'en aie une bonne image. Si je voulais en savoir encore davantage, maman éludait rapidement.

Il avait été chef op' des premiers films de Garrel, avait « éclairé » Pierre Clémenti, Zouzou, Nico...

Elle tenait une photo à ma disposition. C'est vrai que, dessus, le géniteur en jette. Un homme assis sur l'herbe, appuyé contre une carriole en bois. Il fixe l'objectif, regard et dos droits, allure cool. Chemise large, pantalon et bottes de moto en cuir. Une chevelure épaisse, aussi noire que ses vêtements, coupée au carré. Un carré Crazy Horse, mais plus long, et plus fou.

Plus tard, devant mes questions, elle me dira qu'ils étaient restés un an et demi ensemble. Puis, une autre fois, quelques mois.

C'était peut-être juste quelques nuits.

## 8

On aurait dit un cambriolage. Dans le salon, qui est aussi la chambre de maman, tout est sens dessus dessous, comme ils disent. Comme un fait d'armes, la télé par terre, éventrée.

Ma mère semble dormir, emmêlée dans son drap.

« Mais qu'est-ce qui s'est passé ? »

Elle ne bouge pas tout de suite. Le drap remue, les mouvements sont lents.

« Ton oncle est passé cette nuit. »

Donc ce n'était pas un rêve.

Nous dînions à la Coupole, maman, des amis et moi. C'est un restaurant géant. À perte de vue, des banquettes rouges, des lumières dorées et des serveurs en tablier. La nuit y est une fête. Son frère nous a rejoint, ivre. Il n'a tout de suite pas aimé l'idée que je sois là.

« Trop tard pour une gamine, ce n'est pas une heure pour sortir avec sa fille ! »

Sous les lustres de la brasserie, il criait fort.

Ma mère, ce n'est pas le genre de trucs qui l'impressionnent, mais, là, elle s'est laissé faire. Elle s'est levée de table, a rapidement salué ses amis, sans quitter son sourire, et m'a entraînée dehors, sous les insultes de mon oncle. Nous avons traversé la rue et nous nous sommes engouffrées dans un taxi. Je le voyais derrière la vitre, planté au milieu de la chaussée, éclairé par les néons du boulevard, à continuer de brailler et de gesticuler. Elle riait pour me rassurer. Ce n'était pas le même rire de quand je lui fais des blagues. Elle riait la bouche fermée, son nez faisait comme une grimace. On aurait dit qu'elle avait un truc pas bon dans la bouche. Je me suis glissée dans le creux de son épaule, j'ai regardé les réverbères défiler.

Je n'étais pas sûre d'avoir entendu des coups sur la porte. Je n'étais pas sûre de l'avoir vu, dans l'embrasure de la porte, lui, maîtrisant mal le volume de sa voix, elle, son peignoir tenu d'une main, lui parlant à voix basse pour le calmer et ne pas me réveiller.

Ses reproches suivaient une mélodie saccadée, il butait sur les mots pour mieux se faire comprendre.

« Quelle femme es-tu pour être ainsi dehors avec ta fille à minuit ? Je ne veux pas d'une sœur putain ! »

Pour mieux se faire comprendre, il l'a attrapée par les cheveux et lui a expliqué en synchronisant ses mots et le mouvement de la tête de maman contre le mur.

« ON-NE-SORT-PAS-SA-FILLE-AUSSI-TARD. »

Je ne sais pas si la télé est passée après ou avant la tête de maman. Je crois que j'étais déjà partie m'enfouir sous mes draps. Je ne voulais pas avoir vu ça. Ce n'était sûrement pas pour de vrai.

Maman gémit. Elle a mal à la tête. Elle me répète juste :

« C'est rien, ça va passer, il était juste un peu saoul. T'inquiète pas, ma chérie. Prépare-toi pour l'école. Va, va. »

*La France, pour elle, c'était Chateaubriand ! Pas moins. Sa grandeur d'écriture, son romantisme. Voilà pourquoi elle rêvait d'y aller et d'y vivre.*

*Quand, à 17 ans, elle a obtenu une bourse pour aller faire ses études d'infirmière à Paris, elle s'attendait à enfin découvrir la Ville lumière.*

*Elle a pris le bateau, puis le train. En sortant de la gare, elle est tombée sur une ville si sombre, tous les immeubles étaient d'un gris sale. À l'époque, le ravalement des façades n'était pas obligatoire. Elle était choquée et tellement déçue.*

# 9

Celui-là, je ne l'aime pas. Il a le regard fuyant, un chapeau de cow-boy, et les dents pourries. Il parle une langue pas belle. Aujourd'hui, nous partons dans son pays, à Amsterdam. Maman est ravie, non, pas ravie, décidée, nerveuse. Moi, je suis, et je suis à l'arrière. Nous venons de sortir de Paris, il fait nuit, il n'y a pas grand monde sur l'autoroute. J'aime bien les voyages en voiture, la banquette devient mon royaume. Je plie soigneusement mon manteau, ça me fait un coussin. Maman m'a pris une couverture, celle que j'aime, la rose-orange-rouge, en laine à poils longs. Elle gratte et caresse en même temps.

Avec les kilomètres, les ombres, les réverbères et les panneaux qui défilent, je suis une aventurière. Ça change des tempêtes en mer que je vis les samedis après-midi dans mon lit à Paris. Les vagues m'y balaient violemment sans crier gare. Je tombe sur le parquet, je m'accroche à un pied du sommier, je serre les dents, j'essaie de ne pas me noyer et, péniblement, à la faveur d'un élan de survie, je rampe et remonte. Je reprends mon souffle, recroquevillée contre mon oreiller, à l'abri des trombes d'eau. Une bourrasque énorme, brutale, soudaine, renverse mon radeau, je vais être arrachée, je vais sombrer, et... un *Pif Gadget* qui dépasse du drap m'aspire et apaise aussitôt le cyclone.

Pour le voyage, j'ai pris des bandes dessinées, deux Tintin et une de Moebius, qui a un étrange effet. À la fois réticente et attirée, je regarde d'abord les images du bout des yeux. Je me retiens de m'y plonger, les animaux sont effrayants et les personnages ont la peau qui tombe en lambeaux... Et puis, très vite, emportée sur les ailes de l'oiseau géant, même s'il est moche, je survole des falaises de centaines de mètres de haut. Bien accrochée à son cou, je n'ai presque pas peur.

Des lumières apparaissent au loin, je sens les adultes se tendre, excités.

« La frontière. Il faut s'arrêter avant. Là, arrête-toi là. »

Une aire d'autoroute, ils bifurquent et stoppent. Ils éteignent le radio-cassette où tournait en boucle *Nina Hagen Band* et chuchotent. Ils ne veulent pas me réveiller, ils pensent que je dors, c'est gentil. Un bruit de papier froissé, des gestes et des mots saccadés.

« Vite, vite.
— Ça va, ça va, c'est bon... »
Il renifle fort.
« Comme ça, on a rien sur nous. »
Il rit.
Entre les deux sièges, je vois qu'il tend à maman son petit miroir, le rouge laqué (des dizaines de couches pour obtenir ce rendu brillant et lisse, c'est tout un art, la laque) à plat, une ligne blanche dessus, très vite cachée par la masse de cheveux bruns et bouclés de maman. Elle inspire fort, se redresse et replie son miroir qui est devenu tout propre.
« C'est bon, on risque plus rien, on est clean : rien dans les poches, tout dans le nez ! »
Ils rient comme moi quand, avec Sandrine, ma meilleure amie, on est trop contentes de notre blague, mais qu'on ne veut pas la partager avec Sébastien et Bruno, nos deux copains de CM2.
Le barrage se rapproche, très éclairé. Aucune zone d'ombre : tout y est gris, métallique, les murs, le sol, les guérites, l'air, l'uniforme des douaniers, leur voix et leur langue.
Le radio-cassette muet a laissé place au bruit des moteurs qui ralentissent, vrombissent. Le cow-boy édenté a baissé sa vitre. Je suis tendue. Allongée, les yeux mi-clos. Je ne vois que le buste du douanier. Sa veste d'uniforme. J'ai

froid. Un temps. Son bras nous balaye d'un vague geste et Dents-Pourries accélère.

Son rire est nerveux, il remet d'un doigt sec *Superboy*. Nina Hagen est tellement belle sur la pochette. Ses cheveux noirs et courts, en pétard, son rouge à lèvres noir, sa clope à la bouche qui pend, son regard qui nous affronte, elle me fascine.

Je referme les yeux.

*Après son diplôme d'infirmière, elle avait obtenu celui d'esthéticienne.*

*Lors d'un stage de démonstration en Pologne, où elle était partie former d'autres jeunes spécialistes de la beauté, elle était tombée, dans les rues de Varsovie, sur le défilé de célébration de Youri Gagarine, le premier homme à avoir « volé » dans l'espace. Elle l'avait pris en photo. Sur la planche contact en noir et blanc, on le voit perché, debout dans sa voiture, de retour de mission, saluant la foule.*

*« Il a touché les étoiles ! » m'avait-elle glissé, l'œil brillant.*

*C'était donc possible, d'une façon ou d'une autre.*

## 10

Parfois j'arrive à l'avoir pour moi.

Il y a du monde dans le salon. Elle leur a fait un curry d'agneau. J'ai traîné dans le salon jusqu'au générique de début du « Cinéma de minuit » sur FR3, fascinée par le défilé de regards d'acteurs que je ne reconnais pas, avant de me glisser sous les draps. Comme la petite lampe pastel posée à mes côtés, je veille, jusqu'à ce que maman vienne me souhaiter une bonne nuit. Elle m'embrasse une première fois, une deuxième et, quand elle est sur le pas de la porte, je la rappelle.

« Encore un ! »

Elle revient près du lit en rigolant, et j'exige un autre baiser sur mes paupières, puis un sur mon nez, un autre sur mon menton, et un dernier sur mes oreilles.

« Et les joues ?! »

Elle se penche de nouveau et s'exécute. Elle est à moitié repartie que je réclame encore le nez, et le baiser papillon, et celui des Esquimaux.

Maintenant elle râle gentiment, alors je la laisse les rejoindre. C'est beau d'avoir sa maman qui fait un peu ce qu'on veut, de s'endormir le sourire aux lèvres, et de les entendre rire à côté et discuter.

Parfois, je me relève.

« Je n'arrive pas à dormir, j'ai mal à la tête... »

Maman me propose en souriant de rester un peu avec eux. Collée à elle, je savoure l'univers des grands. Un monde coloré – du rouge, du vert, du jaune, du bleu. Maman a mis des ampoules de couleur à presque toutes les lampes pour rendre les soirées plus jolies, plus conformes à son idée du monde. Pleine de volutes de fumée, imbibée de la langueur de *Wild Horses* des Rolling Stones, la pièce baigne dans un léger brouillard teinté. Les invités ont fini de dîner, ils sont assis ou allongés sur le matelas qui sert de canapé, par terre, sur des coussins... Jean Pierre Kalfon, torse nu, s'est levé d'un bond et mime, une chaîne de moto imaginaire à la main, comment il a fait peur « à un connard qui l'emmerdait à la sortie du Palace ». Tout le monde rit, alors je ris aussi.

Et puis je la vois. Je ne peux détacher mes yeux d'elle. J'apprendrai plus tard qu'on dit eurasiens pour qualifier ses traits si particuliers, ses pommettes hautes, ses yeux légèrement fendus. Elle a les cheveux noirs, une belle bouche.

C'est la Raquel Welch de l'Eurasie. Appuyée comme moi contre sa moitié, c'est la plus belle femme du monde. Margaret et Pierre Clémenti discutent. Deux têtes de chat. Ils se glissent des choses feutrées à l'oreille et reviennent de temps en temps parmi nous. Je ne peux rien faire d'autre que la fixer. Elle le sent, mais ne dit rien. Pierre se penche vers moi.

« Tu aimes les chats ? »

Il a la voix la plus douce du monde.

J'opine du chef.

« Il y a des chatons qui viennent de naître chez moi. Si tu veux, je t'en donne un. »

Quelques jours plus tard, devant mon insistance, maman m'emmène enfin le chercher.

Pierre habite dans une maison au sud de Paris avec plein d'autres gens. La porte d'entrée n'est jamais verrouillée et il n'y a pas de sonnette : tu pousses et tu rentres. Tu y es toujours le bienvenu. C'est une communauté. Il l'a appelée « La Providence ».

On a marché longtemps en sortant du métro, j'ai encore envie d'aller aux toilettes. Je vais dans la salle de bains et jamais je n'ai vu une baignoire et des toilettes dans un tel état. Des cercles gris sur la faïence témoignent de tous les bains pris depuis avant ma naissance, et aussi du vert là où le robinet goutte. Je n'ai plus envie de faire pipi. Il y a des gens qui apparaissent par un couloir, une porte, d'autres passent ou disparaissent. Un mec est assis par terre sur un matelas, il dort, sa tête repose sur son torse, et on me dit qu'il rêve. Je vois une seringue plantée dans son bras, et je sais que c'est moche. Une fois, chez nous, un copain de maman est sorti de la salle de bains avec la même chose et un élastique qui lui serrait le biceps, comme un bracelet africain en pas joli. Elle a crié :

« Ça, c'est non ! Pas de ça chez moi ! »

Et elle l'a mis dehors illico presto en criant fort comme elle sait faire. Après avoir claqué la porte, maman m'a expliqué :

« Je suis contre les aiguilles, s'introduire une aiguille dans le bras, c'est une atteinte à l'intégrité de son corps, le geste n'est pas beau, pas respectueux, et surtout, cela manque de poésie et de partage. Il faut de la poésie en tout. »

Derrière la porte d'un grand placard, il y a une chatte et ses petits, minuscules. Je choisis le tout noir avec ses yeux jaunes, et je l'appelle Taxi. Je n'aime pas cette maison, mais j'ai un chat, et ça, c'est un trésor.

J'ai fait lire quelques-unes de ces pages et la sentence est tombée :
« C'était une junkie alors.
— Mais non, pas du tout.
— Ben... quand même. »
Je le savais. Je le savais que toute tentative serait réductrice, ou déformante. Et se retournerait finalement contre elle. Je ne peux pas réduire ma mère à quelques traits, à quelques mots ni adjectifs. Elle était mieux que tout ça.
Ce n'est pas un flou d'amnésie, c'est une barrière protectrice. J'ai peur que le moindre essai soit mal pris et mal compris.

J'aurais voulu répondre que c'était une femme libre qui expérimentait et qui était perdue, pas une junkie. Qu'elle a voulu sortir de son carcan, se libérer du poids de sa culture. Qu'elle a voulu flirter avec le spirituel, avec l'Art, qu'elle a voulu toucher au divin, grâce à la drogue. La drogue était, à l'époque, pour elle et sa bande, un moyen d'ouvrir des canaux *internes pour accéder à autre chose. S'échapper de cette réalité, pour y revenir plus riche d'un voyage. Témoigner de ces expéditions. Qu'elle n'a juste pas réussi à beaucoup concrétiser, s'est trop perdue et a perdu, en partie. Mais qu'elle m'a réussie, non ?*

*J'ai juste rétorqué, pas très fort, que j'étais au début de mes souvenirs de souvenirs, et je suis repartie, mes feuillets en main, la tête baissée, dans mon bureau.*

## 11

C'est la première fois que j'ai quelqu'un avec qui partager le chemin de l'école. Elle s'appelle Valentine et elle est dans une classe au-dessus. Elle habite sur l'île Saint-Louis, pile entre chez moi et l'école. Je me dis que, peut-être, nous pourrons faire régulièrement un bout du trajet ensemble, je suis fière et excitée. Marcher avec une grande. Peut-être, même, je serai sa copine.

Nous remontons la rue du Cardinal-Lemoine, et nous nous arrêtons au feu devant la Tour d'Argent. Elle ne dit rien et regarde devant elle. Il ne me reste que le pont de la Tournelle pour engager la conversation. Nous traversons le passage piéton. Je veux lui montrer que je suis plus mûre que mon âge, qu'à neuf ans je sais des trucs. Moi aussi je regarde devant, l'air de rien. Et je lui explique la différence entre le libanais et l'afghan.

« Le libanais est friable, il est dur, d'une teinte un peu marron-gris, et, quand tu le chauffes avec un briquet, il devient poudre entre tes doigts.

Tandis que le shit afghan, c'est la catégorie au-dessus, y'a pas mieux, c'est une pâte noire, tu le chauffes à peine et tu en fais un filament tout fin que tu mets dans ton joint. »

Elle n'a pas dit un mot. Je ne sais même pas si ça l'a intéressée. Par la suite, je l'ai attendue plusieurs fois en bas de chez elle ou à la sortie de l'école. Elle n'est jamais apparue.

## 12

Maman ne comprend pas Noël, moi je ne comprends pas qu'elle ne comprenne pas. J'ai dû insister pour avoir un sapin. Elle en a finalement acheté un au marché de la rue de Bretagne. Pas un grand, mais un vrai. Je l'ai entraînée au BHV acheter des guirlandes argent et des boules dorées.

Le 24 décembre, nous sommes allées dîner chez mon oncle. Lui, son sapin, il est faux parce qu'il n'aime pas les épines sur la moquette, « c'est un bordel à nettoyer », mais ses guirlandes, elles clignotent. Ça change tout. C'est féerique. Quand il fait froid dehors, les guirlandes qui clignotent, ça passe par les yeux et ça réchauffe le cœur.

Après la bûche glacée, on a pu ouvrir les cadeaux avec mon cousin. Je déballe le premier paquet, c'est le jeu « La Bonne Paye ». J'en rêvais ! On gagne sa vie, on gagne de l'argent, on peut acheter des trucs, c'est beau.

Le deuxième paquet, c'est une enveloppe pas fermée, avec dedans un papier plié en deux.

Je l'ouvre, et il y a écrit à la main « Bon pour un cadeau ». L'année dernière aussi, j'ai eu un « bon » : le père Noël n'avait pas eu le temps, ou s'était trompé dans la livraison. Ce sésame précieux attend toujours, bien sagement dans ma petite boîte en fer en forme de croissant de lune, afin d'être échangé contre le cadeau.

Cette fois, l'écriture ronde, je la reconnais. C'est celle de maman. Ça fait tilt. Elle est nulle, elle aurait pu y penser que j'allais comprendre.

*Je me souviens d'Ode le lendemain de Noël. Tard dans la matinée, la porte s'était ouverte sur elle, elle était apparue triomphante, un grand sourire accroché à ses lèvres, encore excitée de sa bonne idée.*

*Pour le long-métrage qu'elle avait écrit, qu'elle produisait et réalisait,* Le Coup du singe, *l'histoire d'un garagiste qui se réveille dans Paris désert, elle avait décidé d'emmener son équipe tourner place de l'Étoile à l'aube, sans autorisation. Il n'y avait personne, le rond-point était désert, c'était parfait. Elle répétait combien elle était heureuse des plans obtenus.*

*Le film, je l'ai vu plus tard en projection. Je n'avais pas tellement compris, ni aimé. Ni pas aimé. Un garagiste en perfecto, joué par Jean-Pierre Kalfon, erre dans Paris désert, hanté par le souvenir d'une femme « libre et belle » aperçue dans une limousine. J'avais trouvé cela ridicule qu'elle ose jouer elle-même le rôle du fantasme.*

*Elle alla le présenter dans une sélection parallèle du Festival de Cannes.*

*À la sortie du film, j'étais vite descendue au kiosque acheter* Pariscope. *Le résumé était succinct, il n'y avait pas de critique, mais il se jouait en salle. Dans une salle. Le film existait.*

# 13

Ma copine Florence m'a invitée à dormir. J'hésitais, elle l'a exigé, m'a suppliée. Ma mère est toujours ravie que je l'accompagne en été à Saint-Tropez ou en week-end à Deauville, ou rue du Bac, métro Sèvres-Babylone. Fréquenter d'autres gens, une autre classe.

Florence ne veut jamais venir dormir chez moi et ça me va. Son appartement est si grand, elle a un labrador, et il y a toujours du mouvement : la mère qui hurle, la nounou, les grands frères qui passent, le petit dernier que Florence martyrise et dont la nuque me fait chavirer. Je suis amoureuse du dessin de ses fins cheveux châtains à l'arrière de son cou et, dès que je peux, je passe mes doigts en bas de son crâne pour redessiner le V de ses cheveux.

Elle a tellement de poupées Barbie. Moi, j'en ai deux, deux Barbie et deux Playmobil. À l'une des Barbie, il manque une jambe, et à l'un des Playmobil, il manque son casque de cheveux. Je ne leur fais jamais sentir leur handicap. Ma poupée a exactement les mêmes activités que sa copine et même un amoureux, le valet de pique de mon jeu de cartes.

Je suis devant la porte d'entrée du grand appartement du dernier étage. Personne n'ouvre tout de suite, il en faut du temps pour venir jusqu'à la porte d'entrée. Chacun s'attend à ce que l'autre aille ouvrir. Je patiente longtemps en me demandant si je dois sonner à nouveau ou pas. La nounou doit être dans la buanderie, la mère dans sa chambre, le père dans son bureau ou on ne sait pas trop... Et les enfants dans leurs chambres respectives.

Cette fois, c'est la mère qui m'ouvre.

« Ah, c'est toi. Elle aurait pu me prévenir, Florence. Flo ! »

Florence arrive au bout de quelques secondes qui me paraissent loooonnnngues. Je suis toujours sur le palier.

« T'invites des gens comme ça, sans me prévenir ! »

Je reste figée sur ce paillasson. Je me recroqueville. Je voudrais ne pas être là.

« Qu'est-ce que ça change pour toi ?!

— Je suis ta mère, Flo, je suis ta mèèèèère ! » hurle-t-elle tout en décampant.

Florence s'en fout. Florence se fout de tout.

Je suis toujours sur ce paillasson, Florence est déjà repartie vers sa chambre.

« Viens voir ! »

Je ne résiste pas, je cours.

« T'as un maillot ? On va à la piscine Deligny ! »

La piscine Deligny... Une piscine flottante, en plein air, sur la Seine. J'ai, à chaque fois que nous passons la petite passerelle pour y accéder, la désagréable impression que nous y sommes à peine admis en tant qu'enfants, tant les adultes ont colonisé toutes les plages autour de la piscine et sur le pont. Serviette contre serviette, ils offrent leurs corps sous le soleil de l'Assemblée nationale. Florence voudra sa glace ou jouer au baby-foot, elle se faufilera sans crainte, jouant de ses épaules costaudes, je n'aurai qu'à la suivre. Une fois dans l'eau, nous nous moquerons des quelques hommes en string.

« T'as un maillot ?

— Ben euh...

— Tiens, regarde, prends celui-là. »

Elle me fourre un de ses maillots, le mauve, dans les mains.

« On a besoin d'argent. Regarde ce que je vais faire. »

Elle prend le couloir qui va vers la chambre des parents et y pénètre :

« Maman ! Maman ! On va à la piscine, donne-moi de l'argent. »

Je ne perçois pas ce qu'elles se disent ensuite. Florence ressort quelques instants plus tard, un billet plié dans la main. Elle me regarde droit dans les yeux et lui lance sans se retourner :

« Tu es radine ! »

Sa mère sort de la chambre et, sans s'arrêter, s'engage dans le couloir qui relie l'autre aile de l'appartement, vers le salon, la cuisine, la buanderie et la nounou à engueuler.

« Tu me coûtes cher ! »

Florence continue de me fixer, un petit sourire dessiné sur ses lèvres. Je la regarde aussi, pétrifiée. Je ne sais pas si elles font semblant, si elles jouent la comédie, si c'est de l'humour, ou si elles se parlent comme ça pour de vrai. Je ne comprends pas qu'elles puissent se parler ainsi.

L'appartement est redevenu silencieux, la mère a disparu.

« Viens voir. »

Florence m'entraîne dans la chambre de ses parents.

« Regarde, regarde ! »

Elle prend le petit porte-monnaie gris au fond du sac posé sur un fauteuil, et je ne sais pas pourquoi, elle disparaît derrière les lourds rideaux qui entourent la fenêtre. Ce n'est pas vraiment une cachette et, moi, je suis toujours au milieu de la pièce, terrorisée de la voir faire ce qu'elle fait. J'ai peur qu'on se fasse prendre, alors je me cache derrière l'autre rideau. Je sors la tête, elle sort ses mains des pans de tissu, ouvre le porte-monnaie et prend deux billets. Elle se marre.

« C'est bien fait pour sa gueule. »

Elle vole sa mère.

Elle rejette le rideau comme Zorro sa cape.

« Allez, viens, on va jouer au ping-pong à la piscine. »

Elle a volé sa propre mère. J'aurais même pas imaginé que c'était possible.

## 14

Maman est en Inde. Elle est partie dans un ashram. Un ashram, c'est un endroit, comme un village privé, où tous les habitants sont habillés en sari orange, parce que c'est gai. Ils sourient tous, ils parlent, ils prient, ils font de la musique, ils réfléchissent et discutent des heures des meilleures façons d'être encore plus heureux.

Elle a régulièrement besoin d'aller là-bas, parce que Paris, c'est dur, et elle ne sait plus où elle en est. Là-bas, c'est une autre proposition, une autre manière de penser le monde, différente, intelligente. Quand elle part, elle me laisse chez ma grand-mère, mamie Suzanne, rue du Dahomey, à Faidherbe-Chaligny.

J'ai toujours connue mamie pliée en deux. La faute à sept enfants, à son travail de couturière, penchée en permanence sur la machine à coudre, et à une chute en descendant du bus, à l'époque, au Maroc. Ou aux coups de son mari, je sais plus. Son corps fait un beau dessin, deux énormes fesses bien rondes, un gros ventre bien tendu, un S bien large qui marche en claudiquant.

« Je comprends pas, je mets presque pas d'huile, vraiment, je ne comprends pas pourquoi j'ai du ventre », répète-t-elle tandis que je regarde les petits pois autour des boulettes se noyer dans les deux centimètres d'huile jaune et parfumée.

Mamie a la peau claire et pleine de taches de rousseur – « On descend des Espagnols » –, un nez fin et légèrement bossu, des petits yeux enfoncés, le regard vif.

Elle n'a peur de rien, à part de la pluie pour sa mise en plis. Elle a divorcé deux fois du même mari qui est mort finalement. Mamie n'en parle jamais. Elle préfère toujours me raconter les fêtes déguisées qu'elle organisait avec ses collègues de l'usine.

Plusieurs fois par semaine, je reçois des lettres de maman. À cause des retards de la poste, je les reçois par paquets de deux ou trois. Ça m'énerve : il faut veiller à les ouvrir dans l'ordre chronologique. C'est joli, les lettres indiennes : une feuille de papier fin de couleur pastel, décorée de feuillages ou de fleurs, repliée sur elle-même, et collée par ses bords. À l'extérieur, l'adresse, à l'intérieur, son écriture ronde, contenant et contenu se confondent, cela rajoute quelque chose d'encore plus exotique à son absence, à ses voyages. Je prends garde à ouvrir ces lettres sans déchirer les mots de maman.

Elle me dépeint la beauté de la lumière, des couchers de soleil rouge-rose-orangé, le goût des mangues et des papayes, le vent dans les palmiers. Elle m'écrit qu'elle pense à moi, qu'elle a dansé toute la nuit, que les gens sont souriants et si beaux dans leur sari orange. Elle me raconte le concert sur la plage qui a duré toute la nuit, avec cette chanteuse américaine. Ils avaient installé une petite estrade en bois pour le groupe, et eux dansaient les pieds dans le sable. Au petit jour, derrière son micro, enivrée par la magie de Goa, par l'énergie du soleil qui se lève, sans s'arrêter de chanter, l'Américaine a enlevé son tee-shirt et ses seins tombaient si bas qu'elle pouvait les lancer derrière son épaule, ce qu'elle a fait, sans s'arrêter de chanter, en rythme, le gauche puis le droit.

Dans une de ses lettres, elle propose de venir me chercher et qu'on aille vivre toutes les deux en Inde. C'est un vrai changement, mais je me ferai plein d'amis, avance-t-elle, il y a des petites Anglaises, des Américaines de mon âge… Comme elles, je serai habillée en orange et j'aurai tout le temps le sourire aux lèvres. Je serai lumineuse.

« Et ce qui est merveilleux, ma chérie, c'est que tu pourras aller à l'école ou à la plage à dos d'éléphant. Si tu veux, tu auras même ton éléphanteau à toi. »

## 15

Elle m'a dit de réfléchir. Mais, moi, je ne vois pas l'intérêt d'être lumineuse, ni ce que cela signifie, d'ailleurs. Je suis bien ici, avec mamie, Mme Ravanier ma maîtresse, et la Bibliothèque verte. J'aime mon école, j'aime apprendre, j'ai de bonnes notes, je voudrais juste qu'elle revienne, ma maman.

Assise sur le tabouret de la cuisine, je regarde mamie. Penchée sur la marmite de courgettes farcies, elle maugrée :

« Même si on me donne un milliard de dollars, moi, jamais je vais chez les hindous, jamais de la vie ! Rrrrrr… ils sont sales, ils mangent par terre, irss ! Si elle n'avait pas eu son mauvais caractère, ta mère, elle aurait pu épouser un médecin. Elle était douée, c'était la plus jeune boursière, 17 ans quand elle est venue en France faire ses études d'infirmière… Après, avec son diplôme d'esthéticienne, elle aurait pu travailler dans un institut comme tante Slimie, mais non ! Elle est allée maquiller les morts ! Irsss… Ta mère... Toi, si tu continues à bien travailler, tu pourrais faire infirmière aussi, ou hôtesse de l'air. C'est un bon métier, hôtesse de l'air : tu as un bel uniforme, tu voyages partout dans le monde, et puis tu pourrais épouser un pilote d'avion. Ils sont beaux, les pilotes, ils ont souvent les yeux bleus. »

Elle continue de parler, mais en arabe. Je ne comprends plus que ses soupirs et la fin de son monologue : « C'est comme ça. »

Elle sort de la cuisine rejoindre la télé et les énormes coussins des banquettes du salon marocain. J'entends ses hanches frotter par à-coups la tapisserie en caoutchouc molletonné blanc du couloir. Elle est fixée aux extrémités des pans de mur par des rangées de petits clous cuivrés qui mettent en valeur sa blancheur et son brillant. Le rendu est légèrement bombé, une aura de Kubrick, *2001, l'Odyssée de l'espace*, sauf qu'il y a l'odeur du cumin et du safran, et qu'au bout du couloir c'est Dalida qui fait son show, dans la télé, trop fort, devant ma grand-mère, aux anges.

« Regarde Dalida, ça, c'est une vraie femme : elle change de robe à chaque chanson. »

Je préfère Dalida aux matchs de catch que Mamie adore regarder le dimanche après-midi. Devant les hommes qui se sautent dessus sur le ring, elle perd tout contrôle, elle sautille sur sa banquette, elle prend parti pour l'un des lutteurs, en général le blond, elle se balance d'avant en arrière, crie, se griffe les mains d'angoisse, effarée par leurs coups et chutes impressionnantes, tout excitée par leur force exubérante et leurs retours théâtraux. J'ai beau lui expliquer qu'ils apprennent à tomber, que c'est truqué, que leurs cris, c'est pour de faux, sa réponse est invariable : « Mais non, jamais de la vie, tu dis n'importe quoi, regarde, regarde avec tes yeux ! »

*Après avoir maquillé les femmes, maman avait maquillé les morts. On appelle cela « toilette funéraire ». Elle avait exercé ce métier quelques mois. Bien avant ma naissance, je crois. Faire leur toilette, les habiller, les maquiller pour les présenter une dernière fois sous le meilleur jour à leur famille, à leurs proches. Elle avait eu le sentiment d'être utile.*

*Cela lui plaisait de leur redonner de la couleur pour qu'ils soient le plus beaux possible. « Les vieilles dames, je leur mettais un rouge à lèvres bien flashy, un vrai rouge ou un rose tyrien, de préférence de chez Saint Laurent, ils sont très pigmentés. Un fils m'a dit qu'il n'avait jamais vu sa mère aussi belle. »*

*Comme pour une fête, ajoutait-elle avec un sourire, leur fête !*

## 16

J'entends déjà les pigeons, posés par dizaines sur l'immeuble d'en face. J'ouvre le rideau, je ne vois que du gris sur du gris. Le gris foncé des pigeons sur le gris des toits, en grappes sur le rebord du vieux mur triste et à la recherche de miettes sur les trottoirs. Je vais dans le salon et mamie apparaît, ses bonnes grosses fesses dodelinant, avec le plateau du petit déjeuner. Du thé à la menthe et parfois, l'hiver, quand elle en a trouvé au marché d'Aligre où je l'accompagne toutes les semaines, à l'absinthe, Chiba, qui donne un goût plus amer. Elle en verse une première fois dans l'un des verres posés sur le plateau de métal ciselé, puis remet le liquide trop clair dans la théière.

« Attends un peu. »

Alors nous ne bougeons plus et nous regardons la théière. Nous devinons que, derrière le fer-blanc, la magie opère. Les soupirs de mamie ponctuent ce moment, accompagnés d'un « qu'est-ce que tu veux... », d'un « aywhoua » ou d'un « c'est comme ça », sa meilleure réponse à tous les événements possibles de l'existence. Renoncement face à la vie, à Dieu, « c'est lui qui décide, moi j'ai mis le thé, la menthe, et maintenant nous sommes ses jouets, ses petites choses »... Au bout d'un certain temps, mamie estime que ça y est, Dieu ou l'eau bouillante a fait son boulot. Elle verse le breuvage enfin teinté dans deux verres.

« Attends, c'est chaud. »

C'est le moment que je préfère, le rituel du « refroidissage ». Elle verse le liquide dans un autre verre, puis dans un autre, et un autre, et de nouveau dans le premier, qu'elle me tend alors. Le thé est chaud, mais ne me brûle pas les mains. J'admire ma grand-mère, elle est magicienne.

Elle me tend aussi une assiette de gâteaux secs parfumés à la fleur d'oranger ou à l'anis. Les premiers ont la forme de gros doigts striés. À la fourchette. Les seconds, mamie les nomme triangles, mais mathématiquement parlant, y'a rien à faire, ce sont des parallélépipèdes. Mamie en prépare une énorme cargaison. J'aime glisser ma main discrètement dans la boîte et les grignoter en cachette, le goût est plus intense. En quelques coups de mâchoire, ils se désagrègent, deviennent pâteux, et j'en profite un long moment : longtemps après les avoir finis, je fais décoller avec ma langue des bouts de pâte restés collés sur mes gencives ou derrière mes dents.

# 17

Jamais je n'avais vu mamie aussi solennelle. Il a fallu m'asseoir en face d'elle et que je l'écoute bien. Je sens que c'est une affaire d'État.

« Georgette va venir nous visiter avec sa fille Claude. Claude a deux ans de plus que toi, et elle est très très grosse. Attention, il ne faut pas se moquer. C'est interdit. Tu fais comme si elle était normale ! »

Georgette est une copine de mamie du Maroc, elles travaillaient ensemble dans l'atelier de couture de mon grand-père. Elle vit à Paris avec sa fille, dans une chambre de bonne. Depuis le temps qu'elles y sont, leur vie est stockée dans des cartons, dans des boîtes de rangement, accumulés sur les armoires, sous les armoires, sous la minuscule table en formica qui aveugle par sa propreté, preuve qu'elles sont pauvres mais propres. Tu pourrais chercher un grain de poussière pendant des heures, rien. Tu ne trouveras rien, tu n'auras rien pour nous humilier. Nous serons dignes dans notre propreté. C'est petit, nos corps sont difformes de malheur et de souffrance rentrée, mais nous nous tenons droites dans l'eau de Javel. L'ammoniaque est notre arme, elle est ce qui nous relie à la civilisation, au monde des nantis. Et encore, chez les riches, il y a des gens très sales. Ça ne veut rien dire, l'argent. Nous, on a la propreté. La propreté érigée en vertu, en onzième commandement, qui, à les écouter, serait passé premier.

Dans cette chambre du sixième étage de la rue Saint-Maur, il ne reste qu'un filet d'espace pour se glisser dans ce lit qu'elles partagent, chacune son côté, ses habitudes. Claude finit sa tisane devant un téléfilm policier, Georgette termine de laver une assiette dans le petit évier, se passe de l'eau sur le visage et parle toute seule.

Cet après-midi, mamie a traversé la cuisine. En sept petits pas, sept pas de fourmi, sept pas de mamie. Elle a déplié le paravent de plastique marron foncé en accordéon qui sépare l'espace cuisine de l'espace salle de bains et l'a fixé au mur par un petit crochet. Elle a enlevé la bassine et le balai-serpillière qui encombrent la douche et s'est lavée, après avoir pris soin de protéger sa mise en plis avec une charlotte. Je l'ai vue ensuite traverser le petit appartement dans sa grande culotte-gaine beige qui l'enveloppait comme un petit enfant, corps potelé et tenu, pour réapparaître habillée d'une robe en lainage uni. Je l'ai suivie dans la petite chambre et je l'ai regardée se maquiller. Elle a fait glisser un rouge orangé sur ses lèvres minces. Elle n'est plus cette mamie toujours devant ses marmites ni cette vieille dame analphabète à qui j'apprends à lire et à écrire sur une ardoise le soir en rentrant de l'école. Elle est redevenue cette femme qui adore les fêtes costumées, recevoir, rire et danser avec ses amis jusqu'au petit matin. J'avais pu admirer dans un album photo les déguisements qu'elle avait imaginés et fabriqués : on l'y voyait en majorette, en star hollywoodienne, avec robe à paillettes, boa et mouche dans le décolleté, ou encore travestie en homme, avec costume trois-pièces, haut-de-forme et moustache.

Nous sommes prêtes depuis un bon bout de temps déjà quand elles ont sonné. J'ai mis une robe que mamie m'a faite sur mesure il y a quelques mois. « Parce qu'il y a toujours une occasion dans la vie où il faut être bien habillé », elle avait acheté un coupon de tissu clair à petites fleurs mauves, avait pris mes mesures et, avec sa craie blanche en forme de savon, elle avait tracé de grands traits sur l'étoffe. Celle-ci passait sous l'aiguille de la machine à coudre, mamie était la plus concentrée du monde. Au bout de quelques jours, la robe était prête, longue avec des petits volants en bas et des manches ballons qui tombaient parfaitement. Je me sentais princesse.

Nous sommes habillées, et le gâteau, aussi brillant que les murs de caoutchouc blanc du couloir, attend d'être approuvé et admiré. Elle l'a fait énorme, l'a recouvert de meringue italienne – du blanc en neige mélangé à du sucre glace – et parsemé de perles argent. J'adore la meringue italienne, c'est pas cuit, c'est écœurant, c'est tellement bon.

Mamie a ouvert la porte, et elles étaient là. Légèrement en retrait parce que, de toute façon, le couloir était trop étroit, je les observais. Le rythme s'était soudainement ralenti, chacune prenant grand soin de respecter une politesse extrême. Il ne fallait oublier aucune formule de convenance. Elles prenaient tout leur temps, beaucoup de temps. Celui de trouver les bonnes formulations, de faire les gestes appropriés, de ne rien oublier, de ne pas commettre de faux pas. Elles avaient les bras chargés – on n'arrive pas chez les gens les mains vides – de boîtes de chocolat, de gâteaux, de serviettes de toilette brodées et fleuries.

Une fois les politesses échangées, les cadeaux offerts, les manteaux ôtés, elles marchent en procession et en silence jusqu'au salon. Ma grand-mère les invite à s'asseoir le temps d'aller chercher le thé. Georgette propose d'aider, mamie refuse, Georgette ordonne à Claude de s'en charger, mamie refuse. Maintenant elles s'engueulent en arabe, laissant tomber leurs manières de reine d'Angleterre. Georgette cède et s'assoit auprès de sa fille. J'apporte le gâteau, les assiettes dorées sont déjà sur la table du salon depuis le début d'après-midi, je m'assois les mains à plat sur les genoux, comme elles. Georgette me pose des questions auxquelles je réponds timidement. On attend le thé. Et mamie. À qui sera la plus timide.

Mamie est revenue de la cuisine. J'engloutis une part de gâteau et j'entraîne Claude dans ma chambre.

C'est vrai qu'elle est grosse, Claude, même un peu plus large que mamie. Quand elle marche dans le couloir, ses hanches frottent le skaï blanc en continu, alors que mamie, c'est seulement par à-coups. Et surtout elle me dépasse d'une tête. Elle m'impressionne.

Elle porte un col roulé rouge, moulant, sur une jupe en tweed à carreaux beiges et marron. Elle a la coupe et la teinte de Mireille Mathieu, en plus gras ; ses mèches brunes collent à son front et ses tempes. Elle me regarde droit dans les yeux. Elle me regarde vraiment, je ne peux pas me dérober, ses yeux noirs ne cillent pas, elle ne sourit pas. Sa voix grave – on dirait qu'elle a mué – ne correspond pas à son physique ni à son âge. Tandis qu'elle parle sérieusement, comme un adulte, comme un professeur, je fixe le duvet brun au-dessus de ses lèvres. J'écoute ses opinions tranchées. Elle ne laisse aucune place au doute, elle sait ce qu'elle aime et ce qu'elle n'aime pas et, très vite aussi, ce que je devrais aimer. Seuls les livres, la télé et la nourriture l'intéressent. Nous parlons littérature. Ou, plutôt, elle me conseille sur ce que je devrais lire. Parfois, pendant une dizaine de secondes, des gouttelettes se forment au-dessus de sa lèvre ou sur ses tempes, et des plaques rouges mettent le feu à ses joues, mais elle n'est pas troublée. Sans ralentir son discours, elle rétablit le tout en s'essuyant de sa manche de pull, ou en tirant sur son col. À de rares moments, un sourire tranche celle qui me paraît alors surhomme, fissure son élocution sèche et sévère. Un vrai beau sourire éclaire ses mèches noires et son regard direct, me laissant entrevoir son humanité.

## 18

« Aure, viens ! »

Je pose mon livre de la Bibliothèque verte, *Les Aventures d'Hercule Poirot*, m'extirpe des gros coussins du salon et rejoins la voix de mamie. Elle est au bout du couloir, près de la porte d'entrée, légèrement entrouverte. Elle me regarde.

« Viens voir. »

Je m'approche. Elle ouvre la porte, il n'y a rien, juste la peinture sale et écaillée du palier, juste l'odeur de la cuisine des voisins du dessous, et un bruit de pas dans l'escalier, qui bute parfois contre une marche. Et soudain, au bout du couloir en plastique blanc de chez mamie, au bout du couloir marron et marron foncé du palier, au bout de ces deux couloirs, ma mère !

Maman, avec sa jupe longue, ses larges boucles brunes et son grand sourire. Elle a posé sa valise trop lourde. Elle me contemple, je la dévisage le temps de la reconnaître pour de sûr, je galope vers elle en même temps qu'elle ouvre grand ses bras comme Jésus-Christ. Et au fur et à mesure que je m'approche, ma poitrine se fissure, se déchire. Au fur et à mesure qu'elle s'ouvre, je m'aperçois combien elle était comprimée, toute petite, toute serrée. Mon cœur explose, déborde, faisant jaillir ce cri, retenu à mon insu depuis des semaines, de soulagement : « Maman... ! » du plus profond de mon être.

Je suis dans ses bras, mes jambes autour d'elle, elle vacille un peu. Elle est enfin là en chair et en os, mon corps se relâche, je pleure. Je pleure de joie. Maman est revenue. Ce ne sont plus seulement des mots sur du papier bible.

Le lendemain, nous sommes rentrées chez nous. Je suis sur un nuage. Je ne la quitte pas des yeux. Je me sens plus forte, plus légère, plus entière. Maintenant qu'elle est revenue, qu'elle m'a été rendue, que cette Inde est loin, qu'elles ne font plus équipe, maman et elle, je la questionne et ses réponses m'amusent. L'Inde n'est plus une menace, ce n'est que le récit d'une expérience, qu'une jolie histoire parmi d'autres à écouter, un conte. Tout redevient comme avant.

Elle déballe sa valise, elle m'a rapporté une tenue traditionnelle, une tenue de fête. Un ensemble rouge composé d'un petit haut ajusté à manches courtes qui arrive au-dessus du nombril et d'une jupe longue évasée, tous deux brodés de petites pastilles en miroir et de minuscules perles argentées. C'est joyeux. J'enfile la tenue, elle me va à merveille, je me sens belle belle belle. Avec cette robe et son regard sur moi, ces deux mois d'absence ne sont plus qu'un vague souvenir.

Maman est pétillante, elle s'est rapporté « quelque chose », elle veut me le montrer. Rien que de m'en parler, elle s'agite, la fatigue et le décalage horaire se sont évanouis. Je la comprends tellement. Moi aussi, une nouvelle robe, un jouet tout neuf, et c'est reparti pour dix tours.

Son présent à elle-même est emballé dans du papier bulles. Elle le pose au milieu du salon-chambre et pousse plus loin sa valise, quelques affaires autour. Il mérite de la place. Je prends la mesure de l'événement, je suis prête à l'admirer avec elle. Elle découpe le papier bulles avec des ciseaux. Un petit meuble d'angle tout en bois, long et étroit, quatre étagères reliées par de fins montants, apparaît.

Sur chaque étagère, des fleurs sculptées en relief dans le bois et peintes de couleurs vives. Elle a fait fabriquer ce meuble par un artisan indien et a décidé de peindre les fleurs elle-même, elle était inspirée. Est-ce que je lui reconnais du talent ? Tout est merveilleux puisqu'elle est là.

« Je vais te montrer quelque chose, promets-moi de n'en parler à personne. »

Je promets.

Elle disparaît et j'admire les gros pétales rouges à feuilles vertes et les arabesques colorées. Elle revient, un marteau à la main.

« Regarde ! »

Elle lève son marteau et l'abat fermement contre les petits montants en bois, qui se brisent, sans effort. Elle attrape l'une des planches peintes et tape dessus, plus fort encore. Elle sait ce qu'elle fait, je n'ose pas l'interrompre. Au bout de quelques coups, l'étagère se fend. Alors, d'entre les lamelles de bois, elle sort une fine plaque noire sous film plastique. Son œil est malicieux.

« C'est de l'opium, j'en ai ramené 1 kg. J'ai calculé, ça va nous faire vivre un an. Tu te tais, hein ! »

Pendant qu'elle brise les trois autres rayonnages afin d'extraire les autres plaques plastifiées, je regarde, déçue, ce qu'il reste des fleurs qu'elle avait aussi joliment dessinées, des touches de couleur rose, rouge, verte, mauve sur les bouts de bois fendus. Je ne vois pas très bien ce qu'elle trouve d'excitant à briser ainsi ce qu'elle a patiemment construit.

## 19

Depuis qu'elle est rentrée d'Inde, maman ne se lève plus le matin. À midi, si elle n'est pas apparue, je me prépare à manger. Quand elle ne s'est pas levée, que le frigo est vide, qu'il n'y a pas de boîtes de cœurs de palmier ou quelques pièces qui traînent pour aller acheter un steak haché et des petits pois en conserve, je me fais des pop-corn. J'aime bien le bruit qui va crescendo dans la casserole et se calme petit à petit. Il faut deviner quand on peut arrêter le feu. Même après, il y a toujours un ou deux pop-corn qui sautent au milieu des autres déjà gonflés. Je rajoute du sel et du sucre, ça fait plat principal et dessert en même temps, c'est pratique.

Après avoir déjeuné, je repars à l'école, elle est toujours au lit, endormie ou somnolente. Nous ne sommes pas au même rythme. Elle m'a expliqué son calcul : 1 gramme par jour de consommation personnelle et 2 grammes par jour à vendre, ça fait un an tranquille.

Pas besoin de se lever tôt.

À Saint-Germain, elle avait « la vingtaine », elle avait rencontré un écrivain plus âgé qu'elle, Gabriel Pomerand. « Un mètre soixante-huit, cheveux hirsutes, yeux noirs, poids cinquante kilos, il fut successivement parasite, prisonnier, étudiant, résistant, écrivain, gigolo, puis époux », d'après Boris Vian[1].

Il avait été son « seul grand amour ». C'était sorti de sa bouche, sans crier gare, des décennies plus tard. J'étais restée interdite. Étonnée de l'entendre parler d'amour envers un homme. Elle, que je sentais toujours si vite lassée, plus attachée à son indépendance qu'à ses amants, elle reconnaissait qu'elle avait été un jour touchée par l'un d'eux. Plus encore, qu'elle avait vécu une grande histoire, alors que je ne lui connaissais que de brèves aventures. Avec celui-là. Celui qui l'avait « mise dedans ». Mais ça, je ne l'avais pas encore compris. Je voyais juste que ma mère avait eu un grand amour, leurs cœurs avaient palpité d'un même élan, et longtemps. Ce qui signifie pour maman plus que quelques mois, peut-être un an, deux ou trois. Je ne sais pas.

*Ma mère s'était laissé bercer par son érudition et sa littérature pendant des heures. Elle s'était sentie plus intelligente. En vivant avec lui juste au-dessus du Flore, elle était au cœur, au cœur des esprits.*

*En 1972 – leur histoire était terminée depuis plus de dix ans –, elle a fait un film de son amour,* Mise au point. *De leur amour à trois. De leur trio. Pomerand, l'opium et elle.*

*Trop petite pour me souvenir du tournage, je me rappelle seulement avoir visionné le film enfant. Il ne signifiait rien de particulier, si ce n'est que c'était ma mère qui l'avait réalisé et que j'en étais fière. Je me souviens surtout de la voix si particulière, si nasillarde, d'un autre temps, de Pomerand. Initié par Jean Cocteau, partageant le même dealer que Malraux, il fumait l'opium de façon sacrée. Et je soupçonne parfois ma mère d'y avoir goûté par fascination pour ces noms-là.*

*Le titre s'inscrit en noir sur fond rouge.* Mise au point.
*En plan fixe, assez large, Gabriel est allongé dans une pièce sombre dont les murs sont recouverts de livres du sol au plafond. Enveloppé dans une robe de chambre en satin noir, il est tourné vers nous, sur le côté, la tête posée sur un coussin chinois, sorte de rectangle dur. Il a en face de lui un plateau*

en bambou et laque, encombré de différents objets qu'il va utiliser.

Il commence par allumer la mèche d'une petite lampe à pétrole et pose un verre, un Duralex comme à la cantine, dessus, à l'envers.

Quelques zooms sur la bougie, puis la caméra s'éloigne pour l'observer préparer sa pâte : au-dessus du verre, à l'aide de deux baguettes en métal, il fait chauffer son bout d'opium en le malaxant. Le geste est précis, méticuleux. Le son a été monté, on entend fort la pâte crépiter sur la flamme. Quand la boulette formée est ronde et tendre, à l'aide d'une petite spatule de métal, il la plaque sur une de ses baguettes, puis saisit une pipe. Une large pipe à opium, en bois et métal, sculptée.

La pipe à la bouche, il se penche vers la flamme, introduit la drogue dans le petit orifice à l'autre extrémité et aspire à petites bouffées rapprochées et sonores. La boulette disparaît peu à peu, Pomerand repose sa pipe, se met sur le dos, la nuque bien calée sur son coussin, le regard vers le plafond. Pendant qu'il savoure, sa voix en off déclame, puissante, nasillarde, typique des petits films d'actualité des années cinquante :

« Les hommes ont l'étonnante faculté de mépriser des drogues qu'ils n'ont jamais absorbées.

« Cette haine les nourrit par le désordre qu'elle produit en eux, notamment par la contrainte qu'elle leur impose de s'améliorer ou de disparaître.

*« Tout le monde est finalement agi par une passion que quelques-uns exercent, que beaucoup réprouvent et que la majorité de tous ceux-là ignore.*

*« Le drogué est un stimulant pour la société, qui, par lui, se considère meilleure. »*

*Les* Gnossiennes *d'Erik Satie prennent le relais, la caméra se balade le long de sa bibliothèque, jusqu'à une rose, en gros plan, volontairement floue.*

*Comme l'indique le titre, elle voulait mettre les choses au clair : « L'opium est plus qu'une drogue, c'est un art, un rituel, un manifeste. »*

*Quelques mois après, Pomerand se suicidait.*

## 20

La nuit, je dors. Et puis, une nuit, je me suis réveillée.

La lumière de l'entrée est allumée. L'entrée qui fait aussi salle à manger, puisque le salon fait chambre. Maman est allongée par terre et roule d'un coté à l'autre de la pièce dans le sens de la largeur. Elle fait à chaque trajet cinq ou six tonneaux. Je ne comprends pas bien. Le sol ne doit pas être droit, pas au niveau. Ça fait comme un rouleau à pâtisserie ou une bouteille qu'on laisse rouler et qui fait des allers-retours avant de s'immobiliser.

Elle s'arrête d'un côté de la pièce et tape sa tête contre le mur. Ce n'est pas pour y faire entrer une idée, cette fois tonton n'est pas derrière. Non, là, c'est pour faire sortir une douleur. Son cri fait comme une plainte, un mélange de souffrance, de ras-le-bol, de désespoir.

« Ahhhh, j'ai mal, ahhhhh… »

Elle se remet à rouler de l'autre côté.

Je panique.

« Maman, Maman ! »

Elle s'immobilise, arrête son dialogue avec le mur, relève sa tête et, comme si elle n'était pas concernée, comme si elle s'était extraite de son mal, du haut de son corps allongé, me dit très calmement :

« Tout va bien, ne t'inquiète pas, va te coucher. C'est normal, je décroche, je suis en manque. »

Je suis allée me recoucher, et elle, elle a repris ses traversées, mais elle a gémi moins fort, pour ne pas m'embêter.

## 21

Le lendemain, je ne l'ai pas vue sortir de la chambre.

Comme tous les jours depuis mes dix ans, j'ai allumé la gazinière avec une allumette et mis de l'eau à chauffer dans la petite casserole en fer-blanc. J'ai pris la théière marocaine, j'y ai mis le thé vert, les feuilles de menthe rincées. J'ai coupé des tranches de pain complet, nous ai préparé des tartines beurre-miel et je lui ai déposé un plateau près de son lit. Elle n'avait pas l'air bien, je n'ai pas osé lui chanter la chanson bleue. On l'appelait la chanson bleue, mais on pouvait changer la couleur. La chanson bleue pouvait être rose. « Le ciel est rose, le fauteuil est rose, l'abeille est rose, le miel est roooooose... » Ce matin-là, et encore le suivant, il n'y avait plus de couleurs, plus de musique, plus de chansons. Je suis retournée manger mes tartines dans l'entrée-salle à manger et retrouver mes amis, les livres.

On s'entend bien, les livres et moi. Ils m'accueillent, me font voyager, m'accompagnent, je les tiens par la main et c'est bon de les sentir dans la mienne. Ils sont à la fois un refuge et une évasion. Une évasion maîtrisée, contrôlée, rassurante. Avec maman, il y a aussi beaucoup de surprises, c'est l'aventure, mais c'est décousu. Et puis, avec elle, on ne peut pas arrêter quand on veut.

Quand je suis rentrée de l'école, elle n'avait pas bougé. Elle grelottait dans son lit, elle ne voulait rien, à part une bouillotte.
« Ça va passer, excuse-moi, ma chérie. »
Alors j'ai remis de l'eau à bouillir dans la petite casserole en fer-blanc et j'ai rempli la bouillotte en caoutchouc rouge passé. Elle l'a posée sur son ventre, et je l'ai laissée. Taxi, notre chat, n'arrêtait pas de miauler, il réclamait sa pâtée, il n'y avait plus de boîtes, maman dormait. J'ai cherché partout des pièces qui traînaient et, avec tous les centimes que j'ai trouvés, j'ai juste eu de quoi lui acheter du mou à la boucherie d'en bas. Moi, j'ai mangé ce qu'il y avait dans le placard, du pain, du fromage de chèvre et de la compote de pommes.

Le jour suivant, quand je suis revenue de mes cours, elle m'a remis un papier avec deux adresses et de quoi acheter des tickets de métro. C'était loin, il fallait changer deux fois et marcher longtemps. À la première adresse, une médecin m'a confié une ordonnance, puis je suis allée à la deuxième adresse, il fallait reprendre le métro, c'était une pharmacie. Là, le monsieur a lu l'ordonnance, m'a regardée un temps. J'ai dit : « C'est pour ma mère », il a soupiré et a disparu. Il m'a remis deux flacons d'un liquide noir. Ma mère devait en avaler quinze gouttes tous les jours. Elle en a pris pendant des années ensuite, c'était obligé pour ne pas être en manque, c'était toujours le branle-bas de combat quand y'en avait plus ou que sa doctoresse partait en vacances.

## 22

On a maintenant une salle de bains. Maman a déclaré que c'est pas parce qu'on est en loyer 48 qu'on n'a pas le droit au même confort que les autres. Elle l'a fait aménager dans l'angle de ma chambre. Comme avant notre arrivée c'était une chambre de bonne, il y avait déjà un lavabo : un évier de cuisine, rectangulaire, aux rebords très hauts. Maman a fait ajouter à côté un receveur de douche en faïence blanche comme l'évier. Il n'y a pas de cloison pour séparer cette nouvelle salle de bains de ma partie chambre, juste un rideau en coton du plafond jusqu'au sol, en forme de L.

La nuit, quand j'ai envie de faire pipi, je me glisse sous le rideau, je m'assois sur le bord du receveur et je fais dans la douche. Les toilettes à la turque sont sur le palier, au demi-étage du dessus. Je n'aime pas trop y aller, il faut remettre ses chaussures ou des chaussons et prendre la lampe de poche. Il n'y a pas de lumière à l'intérieur une fois refermée la porte en bois avec le petit loquet branlant. Et une fois accroupie, il y a ces petites bêtes à quelques centimètres, qui se baladent sur le sol en béton fissuré, des poissons d'argent, et je me force à ne pas avoir peur.

Parfois, j'entends monter de loin la voisine du dessus. Elle souffle dans les escaliers, comme si elle se heurtait à eux, comme si les marches étaient contre elle, en bagarre. Son souffle se rapproche et je vois passer par les interstices de la porte son corps plus lourd que ses sacs de courses.
Je redoute que sa fille ait envie d'aller aux toilettes en même temps que moi. Elle aussi, faut se retenir d'en avoir peur. Elle est plus grosse que sa mère encore, énorme, le double de Claude. Elle doit avoir une chaudière à l'intérieur du corps qui fonctionne à plein régime, elle transpire beaucoup et en permanence, les joues toujours très rouges, comme si elle était restée près d'un feu, ou qu'elle revenait d'une balade à la montagne, ou mieux, en Bretagne, avec le vent et les embruns. Mais non, le seul vent qu'elle connaisse, c'est l'air qu'elle déplace en marchant. Son regard ne croise personne, aspiré par le sol. Elle parle parfois toute seule, dans sa barbe, même si elle n'en a pas.

Plus tard, à l'adolescence, maman taille dans la cuisine pour y faire construire une vraie salle de bains, avec un mur en dur. Elle a fait installer une baignoire, un authentique lavabo de salle de bains, doux et arrondi, et un W-C. Sur le côté du lavabo, des étagères en verre, sur lesquelles je me plais à aligner et réaligner mes deux seuls produits de toilette : ma bouteille de démaquillant et ma lotion anti-boutons. Tous les matins, je savoure le bonheur de s'enfermer dans cette salle de bains, de s'y préparer pour l'école, le même album de Prince, *Purple Rain*, défilant dans mon radiocassette.

Tout a été chamboulé dans l'appartement. En plus de la salle de bains, maman a récupéré ma chambre pour elle, et aussi une chambre de bonne à l'étage supérieur, pile au-dessus du salon. Elle l'a reliée à l'appartement par un escalier tournant en bois de chez Leroy-Merlin. Je trouve sa forme « en colimaçon » trop chic. Je le bichonne, cet escalier qui a transformé notre appartement en duplex. Après avoir passé l'aspirateur sur la moquette du salon – j'aime pas les boules de poussière, au bout d'un moment ça m'agace, alors que maman, elle, elle les voit même pas –, j'aspire chaque marche de l'escalier avec le tube à bout biaisé et aussi entre les montants de la rampe. Et de temps en temps, je l'astique avec un chiffon et de la cire, cet escalier qui me mène dans ma cabane, où j'ai vue sur le Génie de la Bastille.

Là, dans ma chambre, indépendante, je suis au même étage que la mère grosse et sa fille encore plus. La fille est aussi bavarde la nuit qu'elle est taiseuse le jour. Et je n'ai pas le choix que de comprendre parfaitement ce qu'elle dit : elle crie. Elle articule tellement bien, c'est mon prof de sciences nat' qui serait content. Sans précipitation, déterminée, elle hurle :

« Je vais te tuer, salope ! Je vais te tuer. Tu vas mourir. »

Les mêmes phrases. Pendant des dizaines de minutes. Au milieu de la nuit.

« Je vais te tuer, salope. Je vais te tuer. Tu vas mourir ! »

Elle prononce chaque syllabe très clairement, comme si elle apprenait à parler français, comme si elle décortiquait le mot pour que nous comprenions les subtilités de sa prononciation. Toutes les nuits ou presque. C'est à sa mère qui dort dans la chambre voisine qu'elle s'adresse, mais celle-ci ne juge pas opportun de réagir. Parfois, la fille aux cheveux longs si grosse tape de son poing contre le mur pour appuyer son propos, et le couloir en tremble. J'ai peur. Mais c'est comme ça, faut s'y faire. Maman m'a dit : « Elle n'est pas méchante, elle est schizophrène. » Je me rassure avec ce mot savant et mon sommeil qui est plus doux et moelleux que tout.

*Ma mère ne savait pas me réconforter, réduire, relativiser mes inquiétudes d'enfant. Si je posais une question, elle répondait toujours la vérité, mais je ne l'ai jamais entendue parler de façon générale de la vie, de l'amour, comme si elle avait tout compris et qu'elle avait de la hauteur. Pas comme le père de Sandrine, par exemple, qui sortait toujours de grandes phrases ou des citations pour tout expliquer : « Le mieux est l'ennemi du bien » ; « Ce qui se conçoit bien s'énonce clairement » ; « Si, dans la vie, tu sais dire bonjour, merci et pardon, tu t'en sortiras toujours. »*
*Elle ne savait pas faire, elle vivait au jour le jour, sans recul.*

*Jamais elle ne m'ordonnait quoi que ce soit. Elle me considérait, me faisait confiance. Elle disait que j'étais une sage, toujours de bon conseil, raisonnable. Je voyais bien qu'elle adorait demander mon avis, sur sa vie, ses amoureux, ses nouveaux projets professionnels. Je la regardais m'écouter avec attention, puis acquiescer en affirmant j'étais plus mûre qu'elle.*

*Nous étions deux, nous formions une équipe.*
*Évidemment, maintenant que ma place dans notre binôme avait été définie, je m'y conformais, je m'y confortais. Je ne serais pas celle qui fait les bêtises, je serais celle qui les répare, qui tempère, qui retient. Comme une petite fille prend soin de sa poupée ou de sa petite sœur, je prenais soin de ma mère.*

## 23

Elle me tend le compte-fils pour qu'à mon tour je me penche sur la planche-contact. « Je suis contente de mon nouvel objectif. » Depuis qu'elle est photographe pour l'agence Sipa, elle n'a plus que les mots Nikon, objectifs, ouverture et ASA à la bouche.

Ce sont des portraits en noir et blanc. Anémone, l'actrice, se tient à la rambarde d'un balcon, dans une robe ancienne, brodée de dentelles. Elle y est romantique, innocente, belle. L'opposé du personnage de Thérèse, qu'elle incarne dans *Le père Noël est une ordure*.

Je suis encore à regarder les images quand on sonne à la porte.

« Je pars les montrer à l'agence. Philippe va faire ton baby-sitter aujourd'hui. »

Elle disparaît.

Il marche autour de la pièce, sans s'arrêter, en baragouinant tout seul. Je suis assise au milieu du salon, sur la moquette, je joue au Scrabble depuis plus d'une heure. Je fais les deux joueurs. J'essaie d'être juste, de ne pas favoriser l'un plus que l'autre. De temps en temps, je lève rapidement les yeux vers ce Philippe. Pas longtemps, car il me fait peur. Au sommet de ses habits noirs flottants, une épaisse masse de cheveux noirs et gris part dans tous les sens et cache son regard. Il ne m'a pas regardée, je ne crois pas qu'il ait remarqué que je suis là. Je n'ose pas bouger plus que le jeu ne l'exige. Je pioche quelques lettres tout doucement, je pose les mots délicatement sur le plateau. Parfois, quand les mots sont trop compliqués à composer, quand j'ai trop de x ou de k, je triche un peu, je pioche de nouveau. Et si je triche pour l'un, je le fais pour l'autre. La justice, toujours.

Dès que maman est partie, il a commencé à faire le tour du salon une cigarette à la main, parlant à voix basse, pour lui-même. J'ai d'abord cru qu'il comptait ses pas, c'est un jeu comme un autre, puis que ses mots étaient une chanson ou racontaient une aventure, comme je fais quand je vais à l'école. Mais ses mots à lui sont sans continuité, des jaillissements, l'histoire dans sa tête doit être très très bizarre. Ça n'a l'air ni drôle, ni triste, ça lui prend toute sa concentration et elle est sombre, sa concentration.

Je n'existe pas. Je n'en peux plus, je ne vais pas pouvoir tenir plus longtemps. J'attends qu'il ait dépassé la porte, et je la franchis comme en temps de guerre, vite vite pour aller aux toilettes. Je n'ose pas revenir. Par le mince espace entre le mur et le montant de la porte entrouverte, je regarde mon plateau de scrabble deserté, et l'homme qui tourne autour. Il n'a même pas remarqué ma disparition. Je meurs d'envie que maman revienne.

La première fois que je l'ai vu, l'homme à la masse de cheveux poivre et sel, nous allions bientôt dîner, maman et moi. On a sonné à la porte, je suis allée ouvrir, deux petits points noirs au-dessus d'un corps très très maigre m'ont regardée fixement. D'une voix faible, il a demandé :
« Ode est là ? »
Je vais la chercher. Il est bizarre. Je reste en arrière. Il marche d'un pas fragile, il brûle de l'intérieur. La table est mise. En attente du plat encore sur le feu, un pain complet entier trône à coté des assiettes. Il s'assied, en silence. Il fixe le pain. Maman revient avec un couvert pour lui.
« Je peux prendre un morceau ?
– Oui, sers-toi. Le curry de légumes sera bientôt... »
Il n'a pas attendu la fin de la phrase, il s'est jeté dessus à pleines mains et l'a mangé en entier.
Je l'observe avec de grands yeux. Un affamé. Comme en Éthiopie. Maman me regarde et me sourit.

Elle est très douce avec lui. Je regarde la fumée blanche des cigarettes qu'il enchaîne s'échapper du fouillis de ses cheveux gris. Il raconte qu'il sort de l'HP.

J'imagine ce pays très loin, très pauvre, très sauvage.

« C'est sur quel continent ? je demande devant l'évidence de son long voyage.

— Non, ce n'est pas un pays. C'est un endroit, un hôpital... », m'explique maman d'une nouvelle voix. Une voix de dessin animé, rassurante, qui explique. J'aime quand cette mélodie-là sort de sa bouche. On dirait qu'elle sait les choses de la vie et que c'est moi qui suis petite. C'est rare. Ça m'apaise.

Il raconte comment ils lui ont fait mal, des électrochocs, de force. De l'électricité dans la tête pour qu'il oublie tout de son chagrin d'amour. Il n'a pas oublié son nom, Philippe Garrel.

Je regarde ce survivant se reservir de riz complet, finir le litre de lait, et je pense : « Alors le monde extérieur peut être méchant contre ses propres hommes... »

## 24

Il y a une pièce de dix francs sur la table en bois, toute seule. Je pense aussitôt à une religieuse au café. Je demande si je peux la prendre et aller à la boulangerie. Je sais déjà comment je la dégusterai. Lécher les pointes de crème sur le petit chapeau, puis sur la grosse boule, sans toucher au glaçage café. J'aime séparer les deux goûts. Le glaçage est toujours trop sucré, il tue tout le goût du gras de la crème.

« Non, on en a besoin. »

Tout simplement. Simple et direct. Un non de nécessité.

Quelques jours plus tard, nous passons devant une boulangerie, elle me demande si je veux quelque chose, je regarde les pains au chocolat, ils sont là derrière la vitrine, gonflés, dorés, brillants. Avant même de laisser le désir m'envahir, je refuse. J'ai compris : nous sommes pauvres. Et je ne veux pas peser sur maman. Surtout pas.

## 25

Ruisselante, je me colle contre le corps de maman, encore brûlant de la nuit, mélange de sueur sous le sac de couchage et des rayons du soleil déjà haut. Nous avons passé la nuit sur la plage, sous les étoiles, dans des duvets. Maman et moi, on aime le Sud. « Nous sommes des Méditerranéennes, on a besoin du soleil », elle dit souvent. Le bruit des vagues nous a bercées et nous surprend encore au réveil. Je m'extirpe de mon lit plein de sable et j'avance de quelques pas pour sentir la fraîcheur de la mer encore calme monter le long de ma peau, centimètre par centimètre, et achever de me réveiller.

Nous sommes à Formentera. C'est l'été. Nous devions passer quelques semaines sur l'île ; finalement, nous y sommes restées quelques mois. Maman a rencontré Tom, un Américain, et nous avons rapidement emménagé dans sa *finca*, perdue au milieu de la campagne aride. Il est grand et j'aime bien sa grosse moustache. Et surtout le fait qu'il soit américain, même si je comprends rien à ce qu'il dit.

On circule à moto, serrés tous les trois sur la selle, les cheveux au vent. Des petits Espagnols assis sur les murets de pierre nous regardent passer vite sur les chemins de terre. Des rouleaux de branchages se soulèvent au loin dans la plaine. Je suis dans un western.

Quand maman et Tom tardent à se réveiller ou qu'ils partent s'enfermer là-haut dans leur chambre au milieu de la journée, je joue avec la bombe de mousse à raser qui trône près du lavabo. Je n'en ai jamais vu avant. De l'embout sort une mousse qui gonfle encore et encore. Je l'écrase entre mes doigts avant de recommencer à appuyer sur le bouton poussoir. Quand il m'a surprise, les mains pleines de blanc et sa bombe vide, une voix grosse et sévère est sortie de sous sa moustache. J'ai compris que j'avais fait un truc grave.

Les après-midi suivants, j'ai préféré aller m'asseoir sur les murets avec les garçons de la *finca* voisine. Je comprenais pas mieux l'espagnol que l'anglais, mais, pour lancer des pierres sur les rares voitures qui passaient, y'avait pas besoin de beaucoup discuter.

Maman a fini par se disputer avec Tom. C'est dommage qu'elle se dispute toujours avec ses amoureux.

## 26

J'ai déjà vu maman se bagarrer. On faisait de l'auto-stop pour aller à Arles, le pouce en l'air, au bord de la route. Maman voulait photographier des Gitans. Une voiture s'arrête, nous montons, elle devant à côté d'un monsieur, et moi derrière. Il conduit, il ne parle pas. Nous non plus. Je me perds dans le paysage qui défile quand, soudain, elle crie. Pas de peur, ma mère n'a jamais peur. De colère.

« Arrête-toi tout de suite, pauvre con ! »

Elle agrippe son volant, l'obligeant à s'immobiliser sur le bas-côté. Il avait posé sa main sur son genou et avait voulu la glisser sous sa jupe longue. Elle sort, me fait descendre et se dirige vers lui. Elle ouvre sa portière et lui donne aussitôt des coups de pied. Debout contre la rambarde de sécurité, je regarde maman frôlée par les voitures continuer à frapper le mec, rivé à son siège. Une voiture de gendarmes se gare derrière nous. Maman tient la portière, le visage luisant de colère, empêchant le type de fuir. Il la traite de folle. Il nie, il répète :

« Je ne comprends pas, je ne comprends pas ! »

Ma mère hurle de plus belle.

« Mensonges ! Mensonges ! »

Un des gendarmes lui demande de se calmer, menace de l'embarquer, ce qui l'énerve encore plus. Ma mère se débat contre cette injustice, elle agite ses bras et ses jambes et, là, sous sa jupe longue qui se soulève, je vois son triangle noir. Eux aussi le voient. Le mec reprend :

— Vous voyez, c'est une pute, elle n'a pas de culotte, c'est pour ça !

— Je suis dans mon droit ! Le droit de m'habiller comme je veux. Personne n'était censé voir sous ma jupe. Je suis avec ma fille, enfin ! »

Elle redescend d'un coup, la rage ne l'a pas lâchée, mais elle est sous sa peau, elle la retient derrière ses dents serrées, derrière ses tempes rougies. L'uniforme du gendarme la fait se contenir, ce n'est pas la peur, je le vois bien, c'est l'envie de se faire entendre et de ne pas passer pour une folle. Un mot de travers et elle peut hurler à nouveau.

Il n'y a plus de cris, juste le bruit des voitures filant à toute allure sur l'autoroute, qui nous assourdit. Les gendarmes aimeraient que chacun reparte de son côté. Mais maman ne veut pas laisser filer le « gros pervers comme ça ». Elle porte plainte. Les agents, contrariés ou fatigués, je n'arrive pas à le décrypter, nous emmènent tous au commissariat d'Avignon.

Nous sommes assises dans le couloir du commissariat en attendant notre tour. Je regarde ma mère et je suis fière. J'aime bien être à côté d'une justicière.

*Les colères étaient pour les autres, pour le cafetier qu'elle avait vu toucher avec son doigt sale le pot de vanille-fraise que j'avais commandé, contre ses amants quand elle en avait marre ou contre l'administration française. Moi, je n'ai eu droit qu'à son sourire et à ses regards aimants.*

*Oui, je m'en souviens comme ça.*

## 27

S'il y a bien un truc que je déteste, c'est quand maman m'envoie faire les courses à crédit. J'essaie de me faire le plus discrète possible en commandant le minimum. Un quart de litre de lait au Félix-Potin de l'angle, et un quart de baguette à la boulangerie d'en face.

Même quand j'ai de quoi payer et que je prends un pain complet entier, même en venant quatre fois par semaine, la boulangère avec sa mise en plis gris jaunâtre, comme son visage, n'est jamais aimable. Rien, un air absent, les yeux ailleurs, les phrases s'enchaînent.

« Oui, ce sera quoi ? 40 centimes. Au revoir. »

Quand j'ajoute : « Vous pouvez le noter s'il vous plaît, ma mère viendra vous payer plus tard », la dame de la boulangerie et celle de l'épicerie ont ce même soupir et ce petit regard qui pique. Je ne me sens pas bien. Je n'aime pas « à crédit ».

Quand maman est revenue de son Tour de France – elle était partie suivre les cyclistes durant quinze jours, son Nikon en bandoulière, envoyée par l'agence –, elle a rapporté des casquettes jaunes, une nouvelle coupe au carré, et un sourire de gagnante. Elle avait été bien payée.

Un billet en poche, je me fais plaisir. Je remonte la rue jusqu'à la belle boulangerie, celle près du cirque d'Hiver, dont la devanture regorge d'énormes meringues de toutes les couleurs. Tout est sucré chez cette boulangère, son sourire, son maquillage satiné, ses boucles auburn. « Tranché s'il vous plaît », et j'ai droit à un sourire de plus... Je m'offre une barquette aux marrons et je suis la plus heureuse des filles. Comme quoi, la vie est belle.

## 28

Sandrine est venue dormir à la maison. Elle est dans ma classe, c'est toujours ma meilleure copine. Elle est blonde et elle a une frange. Sa mère tient une boutique de jouets en bois rue Lacépède dans le 5$^e$. J'aime répéter le nom de cette rue : la pointe de ma langue joue entre mes dents, c'est un nom à la fois compliqué et facile à dire, je me sens savante quand je dis l'adresse. Je cherche l'occasion de raccompagner ou d'aller chercher Sandrine rien que pour, en prévenant maman, avoir l'occasion de dire « Lacépède » encore une fois.

Le samedi s'est levé depuis longtemps, nous sommes réveillées et nous avons faim. Je propose à Sandrine de me suivre à la cuisine, il doit y avoir du Banania, du pain complet. Du Nutella si on a de la chance. Nous traversons l'entrée-salle à manger. Mon regard est attiré par un mouvement à gauche dans le salon, là où maman dort. Durant la journée, son lit est recouvert de plein de coussins et ça donne l'illusion d'un grand canapé. Les coussins ont disparu, des masses s'agitent sous le drap blanc. Ça soupire et ça gémit. Maman et un homme font l'amour. Je ne sais pas qui c'est, lui, il n'y a pas d'homme en ce moment dans les parages.

Je marque un temps. Je sens que je deviens toute rouge, je suis gênée que ma copine soit présente. J'ai conscience qu'il y a un truc qui cloche de faire ça devant nous, mais je fais comme si elle n'avait rien vu, ou que c'est tout à fait normal, enfin comme si de rien n'était. Je ne sais pas quoi faire d'autre. J'accélère vers la cuisine, je sors le pain, le Nutella, je parle fort. Très fort. Pour couvrir le bruit, les soupirs, la gêne.

« C'est super, il y a du Nutella ! Dimanche dernier, j'ai fait un gloubi-boulga, le plat préféré de Casimir. Tu veux savoir la recette exacte ? »

Je pose dans un mouvement désordonné le lait, le Banania et les bols sur un plateau et l'entraîne vers notre chambre. Je continue de parler trop fort.

« Alors, il faut mélanger dans un saladier de la confiture de fraises, des bananes bien mûres, du chocolat râpé, de la moutarde de Dijon, très forte, et une saucisse de Toulouse, crue mais tiède... Et si tu veux, tu peux rajouter des anchois ou de la crème Chantilly ! »

Quand je passe devant le salon, je baisse malgré moi la voix. Un dos d'homme sort du drap, il s'est redressé, je ne reconnais pas sa nuque, ni ses cheveux. J'accélère.

« C'était dégueu, surtout la saucisse froide, j'ai pas pu tout manger, mais un peu quand même. Tu voudras que je te la copie, la recette ? On joue à "La Bonne Paye" ?? J'ai trop envie ! »

C'est la meilleure chose à faire, c'est évident. Nous ouvrons la boîte, je compte à voix haute les billets, je lis encore plus fort les intitulés des cases où nos pions tombent. Je fais comme si je n'entendais absolument rien, ni les soupirs ni les râles. Et Sandrine fait pareil. Je crois. Je n'ose pas la regarder, mes yeux fixés sur le plateau de jeu. Prétextant que je n'ai plus faim, je l'encourage à manger mes tartines, pour que sa mastication lui bouche les oreilles. Et je serre fort le dé avant de le lancer : c'est ce qui me fait tenir. Comme si un six pouvait tout étouffer, tout effacer.

Maman apparaît dans l'embrasure de la porte.

« Ça va, les filles ? Vous avez trouvé de quoi manger ? »

Nous ne répondons pas. Sandrine est pétrifiée. Je sens bien que je redeviens très rouge, à la honte se mêle la colère. Comme unique répartie, je la regarde avec des gros yeux.

Elle est toute nue.

« Oh, ça va… On est toutes faites pareil ! » lance-t-elle dans un éclat de rire avant de disparaître.

Je l'entends discuter avec l'homme. Je ne sais pas si Sandrine voit sa mère à poil, mais je n'ai pas envie qu'elle voie la mienne. En plus, je ne suis pas sûre, justement, qu'on soit toutes faites pareil. Parfois je me persuade que maman est une extraterrestre et que son apparence, avec son sexe brun, ses seins aux aréoles foncées, est un leurre. Pour nous faire croire qu'elle est comme les autres. Mon corps à moi, peut-être qu'il va devenir complètement autre en grandissant. Et je me demande à quoi je ressemblerai. Dans quel clan je serai. Une extraterrestre ou une humaine.

Sandrine est repartie chez ses parents, qui dînent à 19 h 30, chez qui il y a des sets de table en plastique qu'on essuie avec une éponge après le repas, et une friteuse qui, magiquement, fabrique des frites toutes les semaines. Je suis allée vérifier que les adultes étaient habillés avant de l'accompagner jusqu'à la porte. Ils buvaient du thé à la menthe, alanguis dans le salon décoré à la perse, allongés contre les tentures orientales.

Une fois la porte refermée, je retourne dans ma chambre et je relis pour la vingt-huitième fois mes deux albums de Bibi Fricotin, en attendant que ma honte s'évapore et que maman me calcule. J'ai faim maintenant.

Avec Sandrine, nous n'en avons jamais reparlé.

*Alors que j'étais scotchée à l'écran télé, mes mots étaient sortis tout seuls.*

« *Qu'est-ce qu'elle est belle...* »

*En short rose à paillettes, top rose Malabar et bottes lamées, Sheila lève la jambe si haut sur son tube* Spacer. *Entourée de trois danseurs, sublime comme une poupée Barbie, ses longs cheveux blonds retenus en demi-queue, sa chorégraphie m'entrouvrait un monde de légèreté, de sourires et d'insouciance.*

« *Elle a l'air conne avec son look ridicule !* »

*Maman avait tranché. Je tournai la tête, mais elle avait déjà disparu à la cuisine.*

*Elle méprisait aussi Claude François, avec sa voix insupportable. Elle ne reconnaissait que les Rolling Stones, les Who, Devo. Et Erik Satie.*

*Elle riait large quand je lui demandais qu'on aille, comme mes copines, en vacances au Club Med. Elle ajoutait :*

« *Merci, mais je ne me vois vraiment pas devoir jouer au bingo avec des gros !* »

## 29

C'est une maison de deux étages en plein Paris. Le premier étage donne sur le rez-de-chaussée, c'est ouvert, comme un balcon qui ferait tout le tour. Du premier étage, on peut regarder en bas et, du rez-de-chaussée, on voit des gens accoudés à la balustrade au-dessus et tout autour. C'est classe.

J'accompagne maman à cette soirée, chez un ami d'ami. Il travaille sur des plateformes pétrolières. C'est mystérieux comme métier, c'est excitant. Il est bien payé pour n'être jamais là, à vivre en pleine mer. Je l'imagine debout sur un lourd rectangle de métal de la taille d'un terrain de football posé sur l'eau, bravant les flots et le vent. Pendant des mois. Ça mérite un bon salaire et ce petit palais.

Comme d'habitude, il n'y a pas d'autres gens de mon âge, ou même plus petits, ou légèrement plus âgés, mais je crois que jamais je n'ai espéré cela. Les rares fois où cela arrive, qu'une petite fille ou un ado est présent, je ne sais pas quoi en faire, comment l'aborder ou même l'envisager. Être avec maman et ses amis, c'est ce que je connais le mieux. Elle m'emmène de temps en temps à ses dîners, au bar des Amis dans le Marais ou à l'Élysée-Montmartre. Amusée des éclats de rire, excitée le temps de parcourir la carte et de choisir le couscous-brochettes ou le saumon à l'unilatérale, bercée par les discussions politiques des grands sur l'avancée des Russes en Afghanistan ou l'œil de verre de Le Pen, puis, lassée de jouer avec les taches de vin rouge sur la nappe en papier blanc, je finis par m'endormir sur la banquette, invariablement.

Nous traversons la maison à la recherche de notre hôte, tous les invités sont très contents de se revoir. Tout ce bonheur est impressionnant. Mais on ne connaît personne ce soir.
Maman sourit dans le vide, ses dents blanches tranchent sur sa peau foncée tel un coup de cutter, une lacération heureuse. Elle a un si beau sourire, qui illumine tout son visage, et, moi, je n'ai plus rien à faire, je suis excusée d'emblée par ce sourire pour deux. Elle donne tout, je me contente de suivre.
Nous saluons le maître des lieux, un grand mec brun jaillissant de sa chemise mauve déboutonnée, très bronzé – la pleine mer, la réflexion du soleil sur l'eau et tout – et aussi heureux que ses congénères. Sûrement l'effet terre ferme, après avoir échappé à d'énormes tempêtes, des rouleaux de huit mètres, peut-être accroché à

un filin pour la sécurité, mais quand même. Je ne comprends que trop l'air ravi qu'ils ont tous, soulagés de se retrouver sains et saufs.

Après avoir erré quelques minutes, nous nous sommes assises près de la chaîne hi-fi, au premier étage. Maman ne s'est pas débarrassée de son sourire. C'est vrai que ça nous change, une fête chez des gens bien portants et heureux de vivre. Personne n'a l'air torturé ou, ce qui est bizarre, bizarre.
Un long jeune homme brun vient changer la musique, il a apporté une cassette perso. Ma mère embraye, ils commencent à discuter et, tranquillisée qu'elle soit en affaires quelque temps, je me détourne pour pouvoir observer ces gens.
Une symbiose mystérieuse, un fil invisible les relie, une même longueur d'onde, de ravissement électrique que je ne comprends pas. Tous semblent se connaître depuis toujours. Ce sont de petits groupes de deux, trois, quatre personnes. Doux les uns avec les autres, ils se touchent le bras, s'esclaffent, ils se regardent, s'observent d'un œil vif et malicieux, toujours ce putain de sourire accroché à leur face.

Pas loin de moi, je vois deux hommes rire du récit de cette femme. Ils sont debout, celui avec la chemise blanche la tient tendrement par la taille et l'autre, avec la chemise sombre, pour mieux l'écouter sans doute, s'approche un peu plus, lui prend un bras et passe doucement sa main sur elle. Elle se tait au beau milieu de sa phrase, inspire longuement – je ne l'entends pas, mais je vois sa poitrine se gonfler sous sa robe en dentelle noire – et lui attrape la main en enfonçant son regard dans ses yeux. C'est brutal, c'est soudain, mais aucun lien n'est rompu et elle éclate de rire sans lui lâcher la main. Elle s'assoit, forçant les deux hommes à faire de même, s'ils veulent rester liés.

Plus au fond, je vois une femme cheveux bruns et bouclés au carré, qui danse sur un bout de piste improvisée, au rythme de la musique funky. Elle a les yeux baissés, les bras levés, et sa tête va de droite à gauche, son menton essayant de toucher alternativement son épaule gauche et son épaule droite. Face à elle, un homme petit, un peu chauve, l'encourage de son regard béat. La bouche grande ouverte, il danse à sa manière, de grands déhanchés saccadés. Ils ne vont pas ensemble et pourtant leurs humeurs sont coordonnées, là, maintenant. Dans un mouvement très doux, élégant, ses bras accompagnant la voix de Diana Ross, elle fait glisser par-dessus sa tête son chemisier vert, comme si elle se déshabillait pour aller prendre une douche, et le laisse tomber sur le sol. Elle ne porte rien en dessous. L'homme qui dansait en face d'elle avance une main et lui soupèse un sein, et il fait pareil avec l'autre main. Elle lève les deux bras, elle fait la ola, il se penche et commence à la téter. Interdite, je me retourne vers maman. Maman n'est plus assise, elle s'est allongée sur le côté, et le jeune homme aussi, en face d'elle. C'est le moment si fugace où leurs lèvres se rapprochent et j'assiste à cet avant-premier baiser, cet instant suspendu – le meilleur sûrement –, où tout est encore possible, celui où l'on ne respire plus, où le cœur tremble de ce qui va se passer. Ça y est, les lèvres se touchent et c'est trop tard, les lèvres se sont mêlées, la salive aussi. C'est déjà autre chose, on s'embrasse et c'est bon, mais c'est déjà autre chose. Le début d'une autre histoire.

Ils se roulent une pelle. Trop d'infos de toutes parts. Terriblement gênée, je ne sais plus comment réagir. La fille avec sa ola a donné le top départ. Tout autour et en bas, je ne vois que des mains sous des jupes et sur des entrejambes, je vois de la peau, des chevelures perdues dans des cous, des bouches qui s'ouvrent et des yeux qui se ferment, des tétons qui jaillissent et des têtes qui se renversent, des cuisses qui s'ouvrent et des hommes qui se baissent, des mains fortes sur des hanches qui ondulent, des mains fines serrer des bâtons dressés et glisser sur des torses poilus. Peu à peu, je n'entends plus la musique, les gémissements rythment les soupirs.

Je baisse les yeux vers le tapis. Je le regarde. Je m'accroche aux poils de laine, aux motifs, aux losanges de couleur. Une main m'attrape l'épaule, ma mère me sort de ma torpeur.

« Viens, je ne savais pas, on s'en va. »

## 30

Jaune.
Un samedi midi, elle arrive à la sortie du lycée habillée tout en jaune. Je la vois pleine d'une énergie de combattante. Elle marche vite, le visage décidé, tendue vers quelque chose. Elle s'est mise au diapason avec sa couleur du jour. « Je suis jaune, je suis dynamique, je vais casser la baraque. » La couleur et son humeur se sont nourries l'une l'autre pour la conforter. Elle est le Coyotte du dessin animé. Je ne vois pas Bip-Bip, mais il semble très clair dans son esprit. Qui a amorcé la pompe ? Est-ce que c'est en enfilant son pantalon jaune qu'elle a allumé la flamme de cette détermination nouvelle ? Ou bien s'est-elle dirigée déjà de ce pas conquérant vers le grand placard de sa chambre, résolue à en découdre avec le monde entier, et le jaune lui a paru l'armure la plus synchrone avec son dessein ? Toujours est-il que je vois arriver un grand poussin avec une mitraillette, ballerines jaunes, pantalon jaune, chemisier à motifs jaunes

et rouges, lunettes de soleil à monture jaune, débit sec et rapide.

Elle veut m'inviter à déjeuner, après elle a des rendez-vous. Elle voudrait faire un documentaire sur ce théâtre abandonné du Marais, le Théâtre des Muses. Elle a fait des photos du lieu, il faut qu'elle avance, qu'elle voie la mairie... J'ai trop honte de ma-mère-tout-en-jaune. Je lui coupe la parole et décrète pour ne pas m'afficher une minute de plus sur ce bout de trottoir devant tout le lycée que j'ai trop de devoirs pour pouvoir rester. Je lui fais promettre de ne plus jamais venir me chercher ici, avant de la planter, elle et son aura de tournesol.

Je rentre et, en traversant le salon pour monter dans ma chambre, je constate qu'elle a, encore une fois, changé la déco. Ça doit faire partie de son package « journée d'action ». Elle a enlevé les grands adhésifs effet miroir qui tapissaient tout le pourtour du matelas-canapé, et les coussins indiens. À la place, un dessus-de-lit en satin mauve. Sur la table en fer forgé, une rose rouge dans une énorme bouteille ronde en verre vert. Les moulures des miroirs XVIII$^e$ ont été « bombées ». Quand maman veut repeindre quelque chose, elle le bombe. Les moulures du miroir ternissent ? Bombe or du BHV. Une porte qui grisaille, bombe blanche, une chaise moche, bombe rouge...

Je passe dans sa chambre. Rien n'a changé. Je regarde son bureau. Près de la machine à écrire électronique qu'elle a achetée et dont elle vante la vitesse, le silence et le confort, il y a une pile de chemises roses et bleues pleines de ses feuillets. Je m'assois et je prends celle du haut : « Les amants de ma mère ». Elle y raconte ses amours, comme un panel d'hommes. L'aristo, le plus jeune, l'artiste incompris, l'Américain, l'homme marié... Je lis, je les reconnais, elle se décrit comme une femme belle, indépendante, forte. Et puis c'est tout. Elle les dépeint, se représente, quelques anecdotes. Dans un autre tas, je crois tomber sur un nouvel écrit. C'est un début différent, mais la suite est la même, raturée, réécrites par-dessus du Tipp-Ex séché. Elle tourne en rond, c'est un éternel début, une introduction qui se répète. Elle brode les mêmes pages autour de son début d'idée, les mêmes vingt pages, mais sans entrer au cœur du sujet. Je m'en fous de cette très légère galerie de portraits masculins, j'ai envie d'en savoir plus, sur elle, sur ce qui s'est passé. Je suis déçue qu'elle reste ainsi en surface. Je suis déçue qu'elle ne creuse pas. Je suis déçue par ma mère. Je le croyais, je la pensais plus profonde, plus spirituelle, plus intellectuelle. Plus fine. Chauteaubriand, merde !

Mais donc quoi ? Tous ces après-midi à s'enfermer pour cela ? Les mêmes feuillets qui se mordent la queue ? Je pars à la recherche de plus de matière, de quoi nourrir son propos. Elle a dû essayer de raconter sa quête sans fin de l'amour idéal par un autre biais. Je sors une autre chemise en carton du dessous de la pile, une bleue. Il n'y a pas de titre. Tout est écrit à la main. Elle y raconte son incapacité à faire quoi que ce soit, les journées passent et elle tourne en rond. Elle n'a le courage de rien, elle ne sait pas par où amorcer les journées. Elle narre comment elle s'active avant que je rentre de l'école, pour faire illusion. Je referme. Je la méprise. Est-ce qu'elle pensait s'absoudre elle-même en avouant cela ? Elle ne se ment qu'à elle-même.

Je lui en veux d'être aussi faible. Elle ne sert à rien. Elle me ment, elle se ment.

Alors je monte m'enfermer dans ma chambre en haut de l'escalier en bois. Je referme la trappe, je me mets à mon bureau, je prends une feuille, et je regarde le Génie de la Bastille. Il y a une idée qui se forme, je ne filtre pas et j'écris, d'une traite. Le récit court d'une rencontre furtive avec un mec, dans le métro. Un instantané, un jaillissement, pas de début, pas de fin, quelques dialogues. Je mets ces deux feuillets dans une enveloppe, que j'envoie au courrier des lecteurs de *Libération*. J'ai toujours adoré cette rubrique. Tous les jours, en rentrant de l'école, je lis le *Libé* du jour qui traîne, invariablement. Cette page est la plus vivante, la plus incarnée, la plus surprenante, la plus aux prises avec le réel. C'est là que j'apprends le monde qui m'entoure.

Une semaine après mon premier envoi, j'achèterai le journal au kiosque du métro Saint-Paul, j'ouvrirai la page du courrier et je verrai mon pseudo. J'avais signé Roussette. Ça me fera une boule au ventre et un nœud électrique dans le cerveau. Ils ont titré « Si jeune et déjà poney ». Je ne comprends pas le rapport avec mon texte ou le jeu de mots, mais ce n'est pas grave : mon nom et mes phrases sont imprimés noir sur blanc dans un quotidien que tout le monde lit.

Je ne l'ai même pas dit à maman. Voilà. Quand on veut faire les choses, on les fait.

Je veux un beau-père, une mère qui travaille, je voudrais manger des frites à la maison, qu'on aille au moins une fois au Club Med et qu'on fête Noël.

Désormais, je suis assez grande pour ne plus avoir à écouter dans les moindres détails ses envies, ses rêves, ses projets, ses frustrations, ses désirs, ses angoisses, ses déceptions, ses démarches. J'ai eu droit à tout, étape par étape. Maintenant, je suis une ado, j'ai ma vie à construire, mes propres turbulences intérieures, les siennes ne m'intéressent plus.

Quand, quelques heures plus tard, je daigne descendre de ma chambre, elle a troqué son armure jaune pour le peignoir japonais que je lui ai toujours connu, et elle a retrouvé son pas traînant qui d'habitude m'exaspère, mais qui, ce soir, me rassure.

Devant nos assiettes de riz complet-légumes-sauce soja – nous mangeons macrobiotique en ce moment –, elle m'explique qu'elle avait oublié que c'était samedi, que « ce n'est pas le meilleur jour pour commencer à bouffer le monde », et qu'elle s'est cassé le nez sur la plupart de ses idées de rendez-vous. Elle essaie l'humour face à mon visage fermé, mais rien ne passe. Je suis intraitable.

Je ne supporte pas d'être face à elle, je ne supporte plus nos déjeuners en tête à tête sur l'étroite et longue table en bois dans l'entrée-salle à manger. Je ne supporte pas de la voir mastiquer, ses intonations qu'elle croit chic, sa démarche, ses fesses tombantes. Je ne supporte plus sa solitude. Elle ne fait plus de curry d'agneau, elle ne voit plus personne. Son odeur me dérange, la couleur de sa peau, que je vois maintenant jaune, plutôt que mate. Je vois les pores de son visage et ça me révulse. Elle a de grosses veines violettes aux mains. Il n'y a plus d'hommes qui passent à la maison, même le temps de trois mois, d'un mois, d'une nuit... Elle sort peu, elle reste parfois longuement au téléphone, de temps en temps une copine vient papoter avec elle.

L'autre soir, quand je suis rentrée, l'appartement avait soudainement repris vie : il y avait de la musique et toutes les lampes étaient allumées. C'était Zouzou qui était passée, toute bronzée, de retour de Saint-Barth. Elle en avait rapporté un dicton qui les a fait rire toute la soirée : « *When you go black, you never come back.* »

Le lendemain, le salon était redevenu mort. Les meubles avaient recommencé à nous observer en silence.

Sa solitude emplit l'air et me pèse. Je ne peux pas rester davantage face à elle. Je prétexte une dissert' à rendre et file encore une fois dans mon antre.

*Le manuscrit des « amants de ma mère » repose dans une malle repeinte à la bombe argent, quelque part à la campagne, et rien que l'idée de m'y plonger me révulse. Ce n'est pas uniquement parce que je connais l'émotion que son écriture ronde va réveiller. Si ce n'était que cette mélancolie, je pourrais accepter de m'y vautrer de plein gré de temps à autre. Ce qui me tord déjà la bouche à l'idée de soulever le couvercle, c'est de prédire ce qui me sautera à la gueule : sa vaine quête sentimentale, son incapacité à mener ce projet d'écriture jusqu'au bout. Tout son échec.*

*Un été, en Israël, en rentrant de la plage, je suis passée saluer une tante, celle qui vit dans le dernier appartement où ma grand-mère a vécu. Avant d'entraîner ma fille vers sa boîte à bijoux pour y choisir un cadeau, elle m'a tendu le dernier album photo qui n'avait pas été distribué, celui qui me revenait, celui consacré à Odette.*

J'y ai découvert des images que je n'avais jamais vues. Une femme que je ne connaissais pas, qui avait eu une vie sans moi.

Une photo me reste en tête. Elle est à la patinoire Molitor, la main dans celle d'un grand garçon élégant en costume à carreaux, elle glisse en direction du photographe. Ode porte un pantalon avec les mêmes motifs, mais plus larges, que ceux de son amoureux. Ils sourient largement, regardant l'objectif. Elle doit avoir 20 ans. Ils semblent heureux et en harmonie.

Je me souviens alors d'un autre cliché d'elle dans les bras de ce même homme, sur le pont d'un bateau. La tête en arrière, un mince sourire aux lèvres, elle est légèrement allongée, la gorge offerte.

J'avais demandé à maman qui il était. Pour seule réponse, j'avais obtenu : « C'est François, un étudiant en médecine qui voulait m'épouser. » Quand je lui avais demandé pourquoi elle ne l'avait pas fait, elle avait souri.

J'aurais aimé comprendre pourquoi tant d'attachement à sa liberté sentimentale tout en cherchant un compagnon. Comprendre pourquoi elle n'avait jamais réussi à rester plus de quelques mois avec un homme.

## 31

Les pages rageusement noircies et encore imbibées de larmes avaient atterri mollement autour de son lit. J'avais dû les lancer trop haut. Heureusement, j'avais claqué la porte assez fort pour que ma sortie soit digne. Nous nous étions encore disputées.

Je n'arrivais pas à me construire sans père, et ce n'est pas elle, à qui je piquais des coins de sa barrette de shit mal dissimulée derrière le grand miroir mouluré de sa chambre, qui pouvait me montrer la différence entre le noir et le blanc, entre le bien et le mal. Le jour où j'avais décidé moi aussi d'y goûter, parce qu'au lycée ça le faisait, je n'avais pas eu à chercher longtemps. Le miroir était posé sur une sorte de grosse colonne en bois, acheté aux enchères dans sa période « J'ai envie de changer la déco, je fais de bonnes affaires, je vais à Drouot ». Pas le Drouot chic du 9ᵉ arrondissement, le Drouot bis, rue Doudeauville, dans le fin fond du 18ᵉ.

Elle en avait rapporté des chaises, une table basse et des colonnes en bois payés dix francs.

Après avoir regardé dans les tiroirs de son bureau et sous son matelas, j'avais glissé ma main derrière le miroir, et mes doigts s'étaient posés sur un beau bout de libanais.

Ce n'est pas elle, qui se levait rarement avant midi, qui se débattait dans ses projets qui ne restaient qu'à l'état d'ébauche, ce n'est pas elle qui pouvait me guider vers l'âge adulte.

« Tu es nulle, je suis perdue, j'ai besoin de mon père, je veux le rencontrer. J'en ai marre de ne pas savoir qui c'est, qui il est. » Voilà, en gros, le contenu de la lettre que je lui avais jetée au visage.

Maman l'a appelé.
« Ta fille a besoin de te voir. »
Ils ont discuté longtemps. Ils étaient ravis de se parler « depuis le temps ». Je me suis éloignée. Je ne voulais plus entendre leurs voix enjouées et leurs rires de complicité retrouvée. Une nouvelle fenêtre s'était ouverte dans ma tête, un appel d'air.

## 32

Quelques jours plus tard, je descends du train à la gare de Semur-en-Auxois. Je ne peux pas le rater, il est habillé exactement comme sur l'unique photo que je connais de lui. Pantalon en velours, chemise en soie, bottes de moto en cuir, le tout est noir, comme ses cheveux coupés court et ses yeux. Il est grand et me lance un « Salut ! » comme si on s'était vus la veille.

Il me regarde par en dessous, fixement, son menton baissé, collé à son cou, on dirait qu'il louche un peu – en tous les cas il fixe, il vise, il pointe. Il me scrute sans timidité, sans gêne, un sourire derrière l'œil. Sa Renault 5 est garée devant la gare. À peine avons-nous pris la route, qu'il me demande :

« Tu as la cassette ? »

Je fouille au fond de mon sac et lui tends celle que maman m'a confiée, *Tattoo You*, un ancien album des Rolling Stones. Le père l'ouvre aussitôt. Au lieu de la cassette, il sort un bâtonnet en aluminium, dont il déchiquette un angle. Puis il inspire le parfum du shit et son visage s'éclaire. « Ah, c'est bien, elle est bien servie. »

Il m'emmène là où il travaille et vit, l'hôtel-restaurant qu'il tient avec sa mère dans la campagne de Semur-en-Auxois. Le lieu est rustique, sans fioritures, le genre d'endroit où on aime s'arrêter déjeuner après quelques heures de route. « Vous servez encore ? – On va s'arranger, il me reste des truites aux amandes… » On apprécie la terrasse, perdue au milieu de ce petit bois pas bien entretenu, on met sa main sur son verre ballon, « Non merci, j'ai de la route après, on voudrait arriver avant la nuit ». Pourtant, on est bien là, avec le chant des oiseaux et l'appel de la sieste.

Quelques chambres basiques, pas de vrai jardin, directement cette mini-forêt. C'est moins d'entretien et plus sauvage. Les clients semblent apprécier. Je passe le week-end à m'y balader, je mange dans la cuisine du resto, avec la cousine légèrement attardée, le cuisinier, mon père et la grand-mère, sosie de la mamie Nova des yaourts, le chignon de cheveux gris perché haut sur la tête. Quand elle sort de sa chambre, rarement, c'est d'un pas alerte et pour échanger quelques mots acides avec son fils. L'ambiance en cuisine est grivoise, et mon père, l'air de rien et par un geste continu, se sert des fonds de vin rouge dans son verre Duralex. Sans doute pour maintenir un flux incessant de légère euphorie.

Il vit seul dans une petite chambre tout en haut et s'engueule avec sa mère. Moi, je suis sur un nuage, j'ai un père. J'ai quinze ans et c'est la deuxième fois de ma vie que je le vois.

*Des années plus tard, sur l'autoroute du retour des vacances, le nom de Semur-en-Auxois apparaît. Je viens d'avoir mon permis, je découvre la liberté d'être autonome et de pouvoir bifurquer.*

*L'hôtel est encore plus défraîchi que dans mon souvenir et il faut maintenant vraiment avoir une faim de loup, s'être cassé le nez sur plusieurs endroits, pour avoir l'idée de s'arrêter là.*

*Mon père m'accueille dans la cuisine. Sitôt assise, il me lance : « Alors, tu remarques rien ? »*

*J'examine la pièce, rien ne semble avoir bougé de place, la peinture est toujours jaunâtre, les appareils électroménagers toujours fatigués.*

*« Je ne vois pas, non...*

*— Mais si, regarde bien. »*

*J'inspecte alors de nouveau. La peinture, le calendrier, les casseroles, les poêles graisseuses, tout a l'air en place depuis si longtemps. Vraiment, je ne vois pas. Il rigole :*

*« Ben, ta grand-mère est morte !*

*— ...*

— Elle s'est noyée. Enfin, suicidée. Dans l'étang à côté. Elle était dépressive. Je sais pas comment elle a fait, on y a pied. »

Je ne dis rien. Je le regarde se verser une lampée de rouge dans son verre Duralex. Je le regarde transformer ça en deux gorgées dans le gosier. Je le regarde parler de « ces cons de vendeurs » du magasin d'électroménager. Je le regarde parler du signe astrologique du cuisinier. « Bélier, c'est con : tu fonces et tu te cognes. »

Je l'ai revu, le père, encore une fois.

La naissance de ma fille avait fait naître de nouveaux besoins. Savoir d'où on vient, où on va, se construire, les fondations, les racines, la transmission, tout ça...
J'ai débarqué avec elle, à l'improviste, un après-midi. L'hôtel avait été vendu. On m'indique qu'il vit dorénavant à quelques kilomètres, dans un lotissement, un groupe de petits immeubles blancs à trois étages, en banlieue de Semur. Personne ne répond à mes coups de sonnette. Nous attendons dehors jusqu'à ce qu'une 205 décapotable blanche se gare. Je le vois sortir de voiture, tout en blanc. Tennis blanches, jogging blanc, sacoche banane en coton blanc autour de la taille, tee-shirt, longue écharpe blanche et enfin bob blanc sur ses cheveux noirs, coupés courts.

*Il n'est pas étonné par notre présence, ni par l'existence de ma fille.*

*Il nous a invitées à entrer. Un studio meublé au rez-de-chaussée, donnant sur un bout de pelouse rasée. Comme ses vêtements, tout y est blanc. Tout. Du sol au plafond. La moquette est blanche, il a repeint les meubles d'un blanc cassé, crème, doux. Le grand fauteuil en cuir, les bords et l'arrière de la télé, blancs également. Le dessus-de-lit, le savon dans la salle de bains aussi. La vaisselle est en verre transparent, ce qui permet de mieux apprécier la toile cirée blanche du coin kitchenette. Seule touche de « couleur », l'écran de la télévision et les tranches noires des vidéo-cassettes de films sur les étagères repeintes, vestige de son amour passé pour le cinéma.*

« En noir, les énergies sont mauvaises. J'avais de mauvaises relations avec mon entourage. Depuis que je suis passé au blanc, ça se passe beaucoup mieux. »

*Il rentrait de la pétanque. Il en avait une bonne sur les juifs. Et une autre sur les femmes. D'ailleurs, en me regardant mettre un gilet à ma fille, il en rajoute encore :*

« Vous êtes toutes hystériques, nymphomanes et possessives avec vos enfants. Toutes. Regarde ta mère, elle était folle amoureuse de moi, elle me courait après. Allez, je vais vous préparer des champignons. »

*Nous sommes vite parties après le dîner. J'ai eu un mal fou à trouver un endroit où me cacher pour vomir. Ces petits HLM, dans ce désert de gazon, ont trop de fenêtres et pas assez d'arbres.*

## 33

Elle me demande si elle peut me faire confiance, je réponds que oui. Elle pose un billet de 500 francs, m'embrasse, me souhaite bonne chance pour le bac, et part.

Ma mère a trouvé un boulot. En Autriche. Elle va vendre des boucles d'oreilles orange, vert et jaune fluo, des bracelets fantaisie, des pin's, des ceintures et des lunettes de soleil. Son frère, celui qui s'énerve trop fort quand il a bu, en plus de Budapest, a pris des stands pour la saison estivale au lac Balaton. Il a besoin d'aide. Et maman me dit qu'on a besoin d'argent, qu'on est « à sec ». Je ne vois pas trop la différence avec d'habitude, on est tout le temps à sec. Je suis en terminale, nous sommes en avril, les épreuves se rapprochent à grands pas.

Je trouve rapidement mon rythme : un peu de lycée, des sorties le soir, qui se prolongent tard la nuit... J'oublie de réviser, je remets à plus tard... C'est à ce moment que je rencontre Virginie. Elle a la même coupe que Nina Hagen, cheveux courts et noirs, elle est grande gueule, elle prend de la place. J'aime bien les gens qui prennent de la place, je peux m'y reposer.

Elle se fait virer du McDo où elle bossait et, très vite, elle dort tous les soirs à la maison. L'après-midi, on ricane ensemble à la fenêtre, en attendant que son amoureux, un coursier, passe faire un coucou d'en bas sur son scooter. On ne se nourrit qu'une fois dans la journée, le soir, c'est pratique et plus économique. J'enfile une robe en lycra noir moulante, de grosses baskets montantes, et nous rejoignons les autres au petit resto près du Tango, rue au Maire. Couscousmerguez. Je me sens légère, dynamique, indépendante. Je me coupe les cheveux à ras, je me sens encore plus légère et ça sèche vite. Je me plais.

Un après-midi, Virginie pointe son doigt sur une vieille photo en noir et blanc, posée sur une étagère poussiéreuse du salon. Six rangées de jeunes filles en blouse blanche sont alignées, raie sur le côté et barrettes. Rien ne dépasse. Ni mèches ni sourire trop large devant un bâtiment aussi blanc. C'est une photo de classe de ma mère au Lycée français de Casablanca. Virginie cherche à l'identifier, elle désigne différentes têtes, sans succès. Je lui indique enfin celle que je ne reconnais pas aux traits de son visage, encore mal dessinés, ni à la coiffure ou à l'allure, mais à sa couleur. Boule de terre glaise. À chaque fois que je regarde ce cliché, je suis surprise que maman soit aussi foncée.

« Ah, c'est une Arabe ?
— Ben, je ne sais pas, Arabe mais juive.
— Ah. »

Elle a un petit sourire crispé. Elle ne dit rien, mais je sens qu'elle pense. Je ne veux pas savoir ce qu'elle pense. Le peu qui ressort par ce coin de bouche relevé et cette flamme passée dans son regard rend ma salive amère.

Le lendemain, je lui annonce qu'il me faut me concentrer sur mes révisions, que je dois être seule. Elle part.

Maman rentre au début de l'été. Elle a bien travaillé, mais s'est ennuyée sur son stand au bord du lac. Impossible de s'y faire des amis. Elle m'imite les touristes, Hongrois provinciaux, qui s'arrêtaient devant son emplacement, sur le trottoir, la bouche ouverte. Ils la dévisageaient. Ils appelaient leur mère, leur frère, leur fils, pour venir auprès d'elle l'observer : ils n'avaient jamais vu de Noire. Elle rit. Pourtant ma mère n'est pas noire, juste basanée.

*À chaque fois qu'elle avait l'occasion de préciser qu'elle avait étudié au « Lycée français de Casablanca », la voix de ma mère devenait plus douce, son rythme plus lent, son accent pointu. Elle savourait, prononçait distinctement « Lycée français de Casablanca ». Pour tempérer sa petite fierté, elle baissait légèrement les yeux à la fin de ces quatre mots.*

## 34

Il arrive en général un peu plus en retard que moi et se met en bas, près de l'estrade. On ne peut pas ne pas le voir. Je le regarde de loin, assise sur les bancs tout en haut de l'amphi. Il m'intrigue avec ses jeans élimés, ses tee-shirts de rocker, ses cheveux noirs, ses Ray-Ban qui ne quittent pas son nez. Quand plus tard, aux intercours, je réussis à l'approcher, il enlève ses lunettes, ses yeux sont bleus, d'un bleu piscine, avec les cils noirs. Son prénom est Paul. Il est très beau, un visage à la fois angulaire et solaire. Il me regarde par en dessous : normal, il est plus petit que moi sur sa chaise roulante.

Je me suis inscrite en droit à Assas, ça sert toujours, m'a dit un oncle, celui-qui-a-réussi. Ma mère est fière, mais ça la dépasse. La confiance qu'elle place en moi lui suffit pour ne pas s'y intéresser davantage. Ma grand-mère est persuadée que je suis déjà avocate. Je sens bien que je détonne avec mon blouson orange vif en toile de parachute et mes cheveux en pétard.

Enfin, est-ce moi qui détonne ou cet étudiant en bomber noir qui se met en haut des escaliers menant à l'amphi et crie « Heil Hitler » en tendant le bras ? Il reste ainsi, le corps, le bras et le regard figés comme une statue. Nous passons, dizaines d'élèves, silencieux, à ses côtés pour rejoindre nos cours. Aucun de nous ne réagit.

Paul me propose d'aller au cinéma, à la Pagode. Il y a donc un cinéma dans ces quartiers où tout semble se passer derrière d'épais murs en pierre de taille. Aucune vie dehors hormis, parfois, un caniche au bout d'une laisse.

C'est un établissement tout en chinoiseries, bulle posée au milieu de cette bulle, avec un long escalier qui descend jusqu'à la salle. Paul demande de l'aide à l'entrée, personne ne peut refuser. Caissier, ouvreur et clients participent, on le porte sur son fauteuil roulant, tel un pacha indien. Il a alors un petit sourire narquois sur sa chaise à porteurs, plus prononcé d'un côté que de l'autre : je trouve bravache sa façon d'aborder son handicap, sexy.

Il refuse de s'empêcher quoi que ce soit, c'est rock et sa taille réduite par la force des choses me rassure : c'est un homme abordable pour une jeune fille de 17 ans.

Après le ciné, nous allons manger des huîtres. Il me fait goûter son vin préféré, le pouilly-fuissé, et là, je réalise que ça y est, j'accède au vrai monde. Que la vie des adultes, c'est ça : aller au cinéma, commander des huîtres et se faire raconter de jolies histoires sur le vin. Elle me plaît, cette vie-là. Ce soir, au restaurant, il n'y a pas d'à-coups. Même lui, il roule.

Pour ne pas briser le fil et parce que je ne saurais même pas comment aborder le non, j'ai dit oui pour un verre chez lui. Je le suis dans un immeuble moderne, tout en béton, néons, carrelage et aluminium. Son appartement est au rez-de-chaussée, conçu exprès pour les handicapés : des portes larges, des lavabos et des plans de travail bas, ainsi que des W-C où l'on peut faire demi-tour sur quatre roues. Nous buvons ce verre, côte à côte, sur le canapé. Je sens qu'il va se passer ce qu'il va se passer. Petit à petit, nous nous frôlons, et nos têtes se tournent l'une vers l'autre. Comme nous l'avons peut-être rêvé, nous nous embrassons.

Je suis assise sur son lit et Paul, pour me rejoindre, fait une marche avant, un demi-tour, une petite marche arrière, et se gare à côté du lit, au niveau des oreillers. Il abaisse les petits loquets qui calent ses roues, il se soulève sur les bras et s'assoit sur le matelas. Une fois ses fesses transférées, il place une de ses mains sous son mollet, l'autre sous sa cuisse, soulève une jambe puis l'autre pour les allonger dans l'alignement de son buste. Il se tourne sur le flanc pour enlever son tee-shirt, et je vois de longues cicatrices sur son dos, comme si on avait découpé son torse en quelques gros morceaux, puis recousu. Je me dis : « Voilà dans quoi tu t'embarques, un mec recousu, qui ne peut pas marcher, que tu verras au mieux assis. »

Je m'allonge. Je mets un voile sur ce que je viens de voir. Je crois que j'ai peur, mais la peur est très loin, elle n'est finalement qu'un point, une tête d'épingle au fin fond de mon ventre. Ce baiser m'a emmenée au pied d'une montagne énorme à gravir, je préfère ne pas l'envisager, je préfère me plonger dans ses yeux et me laisser faire aveuglément.

Le lendemain, je rentre à la maison. Habitée par le fait d'avoir découché pour la première fois, d'avoir sûrement franchi un non-dit interdit, mais qui, tacitement, devait l'être un jour ou l'autre. J'ai des picotements plein le ventre et la tête d'avoir passé la nuit avec un garçon qui me plaît et m'impressionne, et une excitation un peu terrorisée que ce soit avec mon espèce de rocker à moi : un paraplégique, oui, mais qui ne se laisse pas faire.

## 35

« Regarde, regarde-moi ! »
J'allais pour monter dans ma chambre. Je reviens et me poste dans l'encadrement de sa porte. Elle est assise dans son lit.
Je la regarde.
« Regarde ce que tu as fait de moi ! »
Elle est toute en brouillon, toute chiffon.
« Avec un handicapé ? »
Elle hurle. Elle sait. Je ne sais pas comment.
« Tu as passé la nuit avec un handicapé ! »
Elle se lève, elle a de l'écume aux lèvres.
« Ma fille avec un handicapé ? Regarde comment tu me rends malade, regarde ! Je n'ai pas fait un enfant pour qu'elle couche avec un handicapé ! Regarde, à cause de toi ! »
Elle montre son ventre. Et je le vois. Un truc énorme qui dépasse de son tee-shirt blanc. Un ventre de femme très enceinte.
Elle court vers moi en levant son bras pour me frapper, je fuis dans ma chambre. Puis le silence. Pas un bruit. Plus de cris. Rien.

Quand je redescends dans l'après-midi, j'entends des gémissements de sa chambre. Je m'approche.

« Emmène-moi à l'hôpital. »

Nous prenons le métro. Pour bien montrer l'état de loque auquel elle est réduite, elle a juste enfilé un paréo jaune imprimé de grosses fleurs de Tiaré autour de la taille en guise de jupe et ses espadrilles babouches. Nous nous sommes assises sur les strapontins, près d'une porte de wagon. Mes yeux fuient son tee-shirt déformé. Je me raccroche sans les voir aux pantalons, aux sacs, aux mains qui apparaissent et disparaissent de mon champ au gré des stations. J'absorbe sans broncher ce qui sort de sa bouche pincée, sous son visage tendu. Les mots acérés que ma mère répète en boucle. C'est sec, dur, sans appel.

« C'est toi qui m'as rendue malade. Regarde-moi. C'est de ta faute. Regarde ce que tu as fait de moi. C'est de ta faute. C'est toi qui m'as rendue malade. Regarde-moi. À cause de toi. Regarde ce que tu as fait de moi. C'est de ta faute. C'est toi qui m'as rendue malade. Regarde-moi. C'est de ta faute. Regarde ce que tu as fait de moi. À cause de toi… »

Aux urgences, ils disent « grossesse nerveuse » en attendant d'avoir les résultats sanguins.

Nous rentrons, elle ne dit plus un mot, ne me regarde pas. Une fois que nous avons passé la porte, sa bouche déborde d'écume, son visage se tord, elle fonce dans ma chambre, prend quelques vêtements qui traînent, et elle me fout dehors avec une rage de pitbull.

Maman.

Sa maladie dure quatre ans.

## 36

Maman passe son temps à faire des allers-retours entre la maison et l'hôpital. Je passe mes nuits à faire des allers-retours au sous-sol, à remonter des bouteilles de vodka, de champagne ou de whisky, et des carafes de jus d'orange ou de Coca.

J'ai besoin de gagner ma vie, je suis serveuse au Shéhérazade, la boîte branchée située près de la place de Clichy.

Je la croise à la maison, ou à l'hôpital. Ce n'est pas une grossesse nerveuse, c'est le foie. Le ventre est moins gros, ils ont « ponctionné ». Je n'y comprends rien et les médecins n'ont pas l'air de mieux savoir. Ils avancent à vue. Quand elle est hospitalisée, je passe prendre des nouvelles, mais je ne m'attarde pas. C'est trop, j'aime pas la voir comme ça dans sa chambre de malade et ne pas savoir quoi faire. Et je redoute ses mouvements d'humeur, ses phrases cinglantes.

Quand elle est à la maison, les heures sont épaisses et lourdes. Je suis seule et me sens seule. Je m'enfuis au cinéma en face du Centre Pompidou. C'est, à chaque fois, deux heures d'évasion garanties, j'en sors toujours plus légère.

Un midi, je vais voir *Faster, Pussycat ! Kill ! Kill !* de Russ Meyer. Un gang de trois femmes aux énormes seins partent au volant de leurs décapotables dans un road-trip violent dans le désert californien. Ce film est un électrochoc : oui, on peut avoir des formes et décider de sa vie. Il me réconcilie avec mon corps. Le regard des gens m'avait imposé une place, j'accentue le trait pour leur imposer la mienne. Désormais j'enfile un pantalon noir, des tee-shirts de couleur vive, moulants, et des bottes de moto. Les cheveux lâchés, un trait d'eye-liner, je fais avancer mes pieds et non le contraire.

Je suis à la conquête. Je ne sais pas de quoi, mais les gens s'écarteront devant moi, j'aurai ma place. Je reprends le contrôle des réactions que mes formes voluptueuses provoquent, je ne me sens plus agressée. C'est moi qui m'impose, qui l'impose. Oui, j'ai de gros seins, et des bottes de moto aussi. En cuir noir. Oui, j'ai une grosse bouche, mais qui ne sourit pas, et un regard noir aussi. Je suis cette adolescente qui t'en veut. À toi et au monde.

## 37

Maman est creusée de partout, ses joues, son cou, ses mains. On distingue les os de ses bras, elle a des fils de fer à la place des extrémités. Ça me dégoûte. Elle se sent en pleine forme, elle a coupé ses cheveux au carré. Elle a peut-être l'impression d'être une nouvelle femme ce soir, mais, moi, je ne vois qu'un squelette qui parade dans une mousseline violette aérienne et fleurie.

Pour la première bar-mitsva de la famille, mamie a exigé la salle des fêtes du Grand Hôtel de la Plage, près de Tel-Aviv. Il faut pouvoir inviter les cousins éloignés de l'autre bout du pays, il faut pouvoir « en montrer ». Pour une fois qu'elle fête quelque chose.

Je regarde ma mère de loin et je refuse d'éprouver des émotions. Mes oncles, mes tantes, ses frères et sœurs s'inquiètent tous et, moi, je fais semblant de ne rien remarquer. Oui, c'est sûr, elle a maigri. Mais bon, elle est malade. Et puis, son sourire accroché à ses lèvres masque son mal. Elle semble s'amuser pour de vrai, elle est complètement dans la fête. De la piste de danse à l'autre bout de la salle de réception où je me défoule avec mes cousins, je peux sentir sa conscience aiguisée. Elle profite de chaque seconde, de chaque particule d'air.

Elle répond à chaque sourire par le sien encore plus franc, à chaque sollicitation avec attention et amabilité. Il me semble que c'est la première fois depuis des années que je la vois dans l'instant présent, profiter ainsi de ce qui l'entoure. Je la vois recevoir et donner.

J'ai trop dansé, je fais une pause devant le buffet des desserts auprès du plus jeune de mes oncles, le médecin. Debout, nous enfournons des tartelettes aux fruits. Je le vois observer maman de loin. Elle rit, élégante, sociale, mondaine, avec une lointaine cousine.

« Cela change tellement de quand nous sommes toutes les deux et que je l'accompagne au marché. Sans s'arrêter ni même acheter, elle goûte les olives directement sur l'étal, arrache quelques raisins à leur grappe pour les croquer, tâte un fromage avec ses doigts. Les marchands hurlent. Et moi, je ne dis rien. Je n'empêche rien, parce que j'ai pas envie qu'elle m'insulte une fois de plus. J'ai même plus honte. Je la suis, légèrement en retrait, quelques sacs à la main. Je regarde de loin et j'attends que ça se passe, qu'elle ait fini ses courses. »

C'est sorti tout seul, moi qui ne raconte rien, mais, à lui, je sais que je peux me confier. Il sait entendre et écouter.

Il hoche la tête, les yeux plongés dans les gros fraisiers et gâteaux au chocolat.

« Tu sais, le foie régule les humeurs, et elle, son foie n'est pas… »

Je hausse les épaules pour couper court, je ne veux pas savoir. J'attrape une part de gâteau et, de l'autre main, je tourne son poignet vers moi pour regarder sa montre.

J'ai hâte que ce soit l'heure de mon bus de nuit. Je me suis inscrite à mon premier stage de plongée sous-marine qui commence le lendemain, à Eilat, à l'autre bout du pays.

J'embrasse vaguement l'air autour de la joue de ma mère, je me change dans les toilettes de la salle de réception et je m'enfuis à la gare.

## 38

Je prends la fuite une deuxième fois, six mois plus tard. Je monte dans un charter pour Bangkok, un bus de nuit, un autre de jour, destination : la mer. Je suis enfin loin du froid et de ma mère, toujours allongée. Je plonge, plonge, plonge.

Sous l'eau, j'évolue dans une autre dimension. Plus légère. Il y a du silence et de l'oubli. Je m'applique à avoir des mouvements doux, à palmer avec souplesse. Je régule ma respiration, il n'y a qu'elle et moi, et les couleurs des poissons. J'étire le temps sous l'eau. Parfois je lève la tête. La surface vingt mètres plus haut forme un tapis lumineux, lointain. Là où l'on se doit d'avoir les pieds sur terre.

Ici je peux essayer de l'oublier : je fais des roulades, j'enlève mon détendeur et je fais des ronds d'air avec ma bouche, je ris sous l'eau et j'essaye de parler aux poissons. Je refais surface.

La tenancière des Paradise Bungalows a abandonné son comptoir face à la baie de Krabi pour venir me chercher dans ma cabane de bambou. Il y a un appel pour moi à l'accueil. Accoudée sur la vitrine, au-dessus des *banana cakes*, j'attrape le combiné et j'entends mon oncle d'une voix lointaine :

« Ils ont trouvé un donneur de foie, ta mère va être greffée ce soir. »

Je raccroche. J'ai un peu mal au cœur. Entre le mal et un vide. Je pars rejoindre Avi le moniteur et son groupe pour mes dernières immersions. Je n'ai plus assez d'argent, il m'a engagée comme assistante pour que je puisse terminer mon cursus.

À cinq, six mètres de profondeur, nous commençons des exercices de simulation d'urgence. Avi a brusquement ôté le détendeur de certaines personnes du groupe. Je me rapproche d'une élève qui me fait désespérément un signe pour indiquer qu'elle « manque d'air » et nous nous agrippons par le gilet. Je lui tends mon détendeur, elle doit respirer deux fois avant de me le repasser et ainsi de suite... Elle panique de devoir partager notre source d'oxygène. Elle gigote trop, ses jambes palmées s'agitent dans tous les sens, elle veut remonter vite. Je la maintiens fermement pour l'en empêcher et la fixe du regard jusqu'à ce qu'elle se calme. Jusqu'à ce qu'elle accepte de respirer tranquillement, avec moi, à tour de rôle. Je maîtrise la situation, j'aide cette femme et j'en ressens de la joie et de la sérénité. L'espace d'un instant, mes pensées repartent vers Paris. Ma mère, au bloc. Je secoue la tête et je reviens vite à celle qui, dans cette eau turquoise, derrière son masque, ne me quitte pas des yeux et s'en remet à moi. Je la remonte lentement à l'air libre. Jamais plus vite que les plus petites bulles d'air, dit le protocole.

J'atterris et file directement à l'hôpital. Les cheveux encore pleins de sable et de sel, je pose ma valise devant la porte et regarde par le hublot de la salle de réanimation. Il y a un petit corps aux cheveux courts allongé dans un grand lit. Maman a rapetissé. Ou est-ce moi qui ai grandi ? Je pleure. Pour la première fois. Je pleure de la voir ainsi pleine de tubes et toute faible, chose fragile, et moi, si fuyante et désemparée. Je pleure, je pleure et je pleure. Une fois que j'ai tout séché, je pousse enfin la porte.

Je ne la prends pas dans mes bras, je ne sais pas faire. Je pose ma joue contre sa joue et je l'embrasse maladroitement. J'avance la chaise des visiteurs près d'elle, je m'assois.

Délicatement, élégamment, elle me narre son opération comme un conte oriental. La douceur avec laquelle elle est entrée dans le sommeil, les fabuleux rêves sous morphine, le regard clair et intelligent du jeune médecin... Je lui raconte un peu mes vacances, pas beaucoup parce que de toute façon je parle peu, et qu'avec elle je sais encore moins faire. D'habitude, c'est elle qui parle, qui se raconte, qui s'interroge, et moi qui conseille, qui tranche, en peu de mots.

Tout reste bloqué dans ma tête, les balades en pirogue à moteur quand je m'assois à l'avant sur la coque, les plongées tellement magnifiques que je voudrais qu'elles durent des heures, les matchs de boxe thaïe dans la banlieue de Bangkok auxquels j'assiste, croquant des morceaux de mangue verte au sel, les petits moments de solitude quand on voyage seule, la gifle donnée au Thaï qui a essayé de me toucher un soir sur une plage, non, je ne lui raconte pas. Je dis vaguement les couchers de soleil, la plongée, l'eau turquoise, le sable plus blanc que blanc. Des images de carte postale. Et aussi, oui, j'ai eu mon diplôme.

Elle est fatiguée, je pars. En m'éloignant de la Pitié-Salpêtrière, le gris de Paris me saute au visage, j'ai l'impression d'avoir déjà perdu tout mon bronzage.

## 39

C'est Noël. J'ai invité maman à dîner. Ma colocataire Betty est partie le fêter dans sa famille. Ce repas, j'y pense depuis des jours. Notre premier Noël normal.

Le matin, après avoir feuilleté toutes les recettes de tous mes livres de cuisine, je descends rue Montorgueil acheter des coquilles Saint-Jacques, des pommes de terre pour une purée maison, de la mâche et des betteraves. Une bûche aussi, chez le meilleur pâtissier, celui du haut de la rue.

Je traverse le Forum des Halles pour trouver des bougies, une nappe verte, de jolies serviettes en papier rouge.

Je fais un grand ménage et je prépare tout très à l'avance, sauf les coquilles qui ne supporteraient pas.

Je suis tout excitée.

Elle vient et c'est doux.

Depuis la greffe, elle n'est que sourires et zénitude. Avec la cortisone qui fait gonfler, elle a repris plus que figure humaine. J'ai hérité d'un écureuil, avec ses joues tellement rebondies.

Nous finissons de dîner tôt, pour descendre assister à la messe dans l'église Saint-Eustache. Maman n'applaudit pas à la fin du prêche du curé en criant « Bravo ! Bravo ! » comme la fois où nous étions allées rejoindre ses amis en Ariège. Toute l'église s'était retournée, et il y avait eu un moment de silence et de gêne. Amusée, elle s'était penchée vers moi.

« C'était un beau spectacle ! J'applaudis, c'est normal ! »

J'avais souri. Il n'y avait que maman, sa copine et moi à n'être pas embarrassées. Elles, parce qu'elles ricanaient trop pour faire attention aux autres, les yeux encore brillants du joint partagé sur le chemin de la maison à l'église, la neige crissant sous nos pieds. Moi, parce que habituée aux éclats de rire ou de rage de ma mère, à ses scandales.

Ce soir, j'apprécie que nous ne dépassions pas de la masse. Je la raccompagne doucement par la rue Rambuteau jusqu'à son appartement. Je voudrais que la rue soit plus longue, profiter encore de nos pas synchrones. L'air froid fait pleurer mes yeux, gèle le bout de mon nez, mais mon cœur est chaud. C'est mon Noël le plus heureux.

## 40

Maman a coupé ses cheveux court. Elle dit que ça la rajeunit et vante son nouveau dynamisme. Après ces années d'alitement, de teint jaune et de mauvaise humeur, elle est devenue pétulante. Toujours souriante depuis quelques mois, elle apprécie tout, elle ne s'énerve plus jamais et m'invite à dîner avec mon petit ami dans son grand deux-pièces. Elle a préparé plein de petites salades, sa spécialité, et a disposé sur une assiette quelques fromages de chèvre.

Elle nous raconte ses séances de bouddhisme japonais avec un petit groupe de nouveaux amis. Un soir par semaine, ils se retrouvent chez l'un d'eux et, pendant des heures, répètent ensemble « *Nam-myoho-renge-kyo* » devant un autel consacré, le *Gohonzon*. Elle en a même disposé un dans sa chambre et pratique chaque jour. La répétition de cette simple phrase l'aide à « révéler l'état de Bouddha inhérent à la vie, à trouver la voie de la joie, de la vitalité, du courage, de la sagesse et de la compassion », précise-t-elle. Je la regarde. En effet, ça a l'air de lui réussir.

Mon chéri lui parle de sa passion, le cinéma : elle est tout de suite sous le charme, heureuse de discuter à nouveau « septième art » après avoir parlé hôpital, foie, antirejet, cortisone, pendant des années. Je me lève pour débarrasser et, quand je me glisse derrière elle, elle passe sa main dans mon dos. Comme une approbation de ce que je suis, de mon fiancé, de notre relation. Pour la première fois, j'ai l'impression de dîner entre adultes, d'être reconnue dans mon statut de jeune femme. Par cette caresse, elle me bénit. Je ne suis plus sa mère, je ne suis plus l'ado emmurée, je suis une jeune femme qui trace son chemin. Une nouvelle place pour moi. Je la regarde. Je me sens bien et je vois qu'elle aussi. J'ai une maman et un fiancé. Je n'en montre rien, mais, à l'intérieur, je suis folle, folle de joie.

Ce geste marque la reconnaissance de notre place à toutes les deux. Un respect, une distance, un amour.

## 41

J'enclenche la touche message de mon répondeur. J'ai vaguement entendu le téléphone sonner tôt ce matin, mais je n'avais pas daigné émerger. La voix de maman résonne contre les murs vides de notre nouvel appartement de Barbès : nous n'avons pas encore de meubles, juste un matelas et deux chaises. Elle m'embrasse, elle va être emmenée au bloc, ils lui ont donné le médicament, elle commence à être dans les vapes. Elle me dit qu'elle n'a pas peur, je sais que si elle me le dit, c'est qu'elle a peur. Elle ajoute que ça va bien se passer et qu'elle m'aime.

Fin du message.

Je m'en veux. J'avais pourtant dit que je passerais la voir hier à l'hôpital. C'était dimanche soir, j'ai eu la flemme… Je me sens conne. Les médicaments antirejet ont provoqué une dilatation de l'aorte, il faut poser un petit tube pour éviter que la veine n'éclate un jour ou l'autre. Pas de quoi s'inquiéter, une opération simple au regard de celle qu'elle avait subie pour la greffe.

J'appelle l'hôpital en début d'après-midi, puis un peu plus tard. Maman n'est toujours pas sortie du bloc. Je rappelle encore et encore. Il y a eu une petite complication : elle a fait une hémorragie, il a fallu rouvrir et refermer. Elle est en réanimation, il faut attendre.

Je rappelle encore plus tard, elle ne s'est toujours pas réveillée. Il n'y a plus que ça à faire, rappeler pour savoir. À la fin de la journée, l'infirmière m'annonce qu'elle est dans le coma. Il faut attendre. Laisser passer la nuit.

Le lendemain, je peux enfin aller la voir. Je retrouve l'odeur de l'hôpital que je croyais pourtant pouvoir oublier.

Son corps est vivant, mais comme mort, entubé de partout, avec des bip pour l'ambiance. Je lui parle, je pleure, je lui dis que j'ai besoin d'elle, mais ça change rien, seuls les bip et les infirmières me répondent.

## 42

Les jours suivants, j'alterne les répétitions de *La Maison de Bernarda Alba* au cours Florent, qu'on doit jouer ce week-end, et les visites à l'hôpital.

Ici aussi, on chuchote. Deux univers de voix basses, l'hôpital et le théâtre, parfois agrémentés d'un sourire de compassion et d'une main sur l'épaule. Je ne veux pas baisser la mienne, je continue à parler normalement. Et c'est comme si je hurlais dans un monde cotonneux… Rien ne me convient. Les éclats de voix m'agressent et les chuchotements m'exaspèrent.

« On ne sait pas, il faut attendre… », répète encore le médecin. J'observe le visage de maman. Je lui parle, je lui caresse la main, les cheveux, je pleure un peu.

Pour la stimuler, un médecin chinois lui plante d'énormes aiguilles dans le crâne. Pas des aiguilles d'acupuncture, fines comme des pattes d'insecte, mais de longues et grosses, pour traverser le cuir chevelu. Elle ne bouge pas. Pas un doigt, pas un cil.

Je croise dans les couloirs un petit monsieur un peu chauve, aux yeux bleus, qui veut la voir.

« Nous nous fréquentons, souffle-t-il. Depuis des mois. Elle est très très importante pour moi. Nous sommes intimes », ajoute-t-il.

Je le trouve trop petit, sans prestance, pour qu'elle ait pu être sous le charme. Je ne dis rien. Je suis déçue de son choix. J'attendais mieux d'elle. Je l'évite.

De jour en jour, les médecins, ceux avec des stylos dans la poche de leur blouse, qu'on attend de pouvoir croiser pour avoir des nouvelles, prennent des temps de plus en plus longs entre chaque mot pour s'adresser à nous. Elle a contracté une infection.

Un après-midi, le docteur en poste me prend à part : « Malheureusement, son corps est trop fatigué. L'infection a pris du terrain, il faut se préparer. » Ça veut dire quoi, se préparer ? Je ne me prépare pas. Je ne vis pas au jour le jour, je vis à la minute. À l'instant. Plus bouddhiste, y'a pas. Maman serait fière de moi.

*Comme je les ai haïes, les mères. Les mères des autres. Pendant longtemps.*

*Elles conversaient avec leurs filles, leurs fils. Je les regardais fixement. Ma cervelle se comprimait comme une éponge serrée fort, et tout le jus devenait une lame invisible de métal et de haine. Une lame qui rejoignait mon cœur, pour bien le blinder, et pointait jusqu'à mes yeux. Mon nez devenait piquant, ma bouche serrée et ridée comme celle d'une caissière du BHV ancienne génération. Avant la rénovation.*

*Ma mère est morte, et elles, elles osent vivre…*

*Elles ne le méritent pas. Elles n'arrivent pas à sa cheville. Elles ne sont rien.*

*Qu'est-ce qu'elles ont donc de plus que la mienne, les mères des autres ? Elles sont trop futiles. Trop coquettes. Trop sérieuses. Trop conventionnelles. Rien ne passait, rien n'avait grâce à mes yeux. Je les trouvais fades, mièvres, fausses, ridicules, soumises. Leurs rires sonnaient petit.*

## 43

J'enfile ma robe blanche, je me maquille, et j'attends derrière le rideau pour faire mon entrée, sans penser à rien. C'est la première représentation. Je ne suis pas là et je ne suis pas ailleurs non plus. Je ne sais même pas si je suis. J'avance sur le plateau, je joue la scène, le texte sort de ma bouche, mes partenaires me répondent et tout se déroule comme il se doit. Je ne reconnais pas ma voix et je ne comprends rien à ce que je dis. C'est une illusion, un jeu.

« Pendant les huit ans que durera le deuil, l'air de la rue ne doit pas pénétrer dans cette maison. Dites-vous que j'ai muré les portes et les fenêtres[2]. »

Au mot « deuil », je reprends conscience, je reviens sur scène, je reviens sur terre et dans mon corps. Ma voix est plus grave, elle se brise d'un coup. Je ravale vite ce qui s'apprêtait à surgir. Des torrents de larmes et des vagues de cris, je ravale tout. Cette voix qui se brise, chargée, est le seul moment de sincérité dans ma partition. Le public se fige. Je les entends m'écouter.

Après les applaudissements, je fonce dans les coulisses. Mon oncle se tient au milieu du couloir et me regarde. Sous mon maquillage et ma robe blanche, je le regarde à mon tour, il s'approche.

« C'est fini, viens. »

Je le suis.

Dehors, appuyé contre sa voiture, il y a l'autre oncle, le médecin. Il me prend dans ses bras. Je me laisse tomber dans les siens.

J'entre doucement dans la chambre. La blancheur de la pièce me saute au visage. Les murs, les appareils, le drap blanc qui recouvre le lit. Maman est en dessous et, quand je m'approche, une main boudinée retient le pan que je m'apprêtais à soulever. Je lève les yeux sur un grand homme chauve. Ses paupières tombent légèrement sur ses yeux globuleux et lui donnent un air à la fois inquiétant et endormi. Sans un mot, il fait non de la tête.

C'est le copain « boucher casher en gros et demi-gros » d'un de mes oncles. Les règles de la religion, lui, contrairement à nous, il connaît. C'est pour ça qu'il a été appelé.

Je vois bien qu'il n'est pas content de me voir dans ma robe blanche brodée de perles nacrées, qu'il n'approuve pas tout ce bleu sur mes paupières, ce rouge étalé sur mes joues et peint sur mes lèvres. Je renonce à lui expliquer que le maquillage de théâtre, faut que ça se voie de loin. C'est comme pour la voix, il faut toujours penser au dernier rang.

Il rabat le drap sur le visage de maman, c'est comme ça chez les juifs, on ne peut pas la voir, pas la toucher. Rien.
Ma maman est morte et je suis face à un drap blanc déformé.

## 44

Les voitures se sont garées en procession comme pour un mariage. Sauf que nous en sommes tous sortis en faisant la gueule. À l'ombre, sous l'auvent du cimetière, nous attendons le rabbin.

Une plainte monte doucement. Je me tourne. C'est mamie qui pleure, puis gémit. De plus en plus fort. Les oncles l'entourent. Je la regarde faire. Elle hurle, elle lève les mains au ciel, s'écroule, est relevée par ses fils, avant de tout reprendre dans un ordre différent. Pour mieux faire entendre sa douleur, elle lance ses mains contre son visage, les doigts crochetés, comme pour se punir. Ses ongles lacèrent ses joues, des traits rouges apparaissent sur sa peau blanche. Je me dis : « Elle joue la comédie. » Mal et trop. Je ne crois pas à cette exhibition. Mais elle s'écroule encore et, encore, ils la relèvent. Sa douleur est trop grande. Moi, la fille de la morte, je reste de marbre, je ne montre rien et je la regarde. Ce n'est juste pas dans l'ordre des choses de voir une mère pleurer sa fille.

Le rabbin arrive, il est sec et nerveux. Je suis déçue : lui non plus, comme le dernier compagnon de maman, celui croisé à l'hôpital, ne ressemble à rien. J'étais persuadée que, pour prétendre au titre de rabbin, il fallait en imposer.
Il nous entraîne sans s'arrêter dans une petite pièce au plafond bas. Nous avons du mal à tous tenir. La boîte est ouverte, le corps toujours enveloppé dans son drap. Le rabbin, pressé, demande en hébreu de soulever le linceul, mais personne ne comprend. À force de mimes et de gesticulations, les hommes s'approchent et soulèvent le corps. Dans le mouvement bordélique, le tissu glisse, un pan tombe, et je la vois. Son visage de cire, un bout de bras. Son corps de morte. Déjà, d'un geste précipité, ils la recouvrent. C'est donc bien elle qui est là, ma maman.

Nous approchons du trou, dans une nouvelle parcelle du cimetière. Avant la place de maman, une dizaine de tombes aux plaques fraîchement gravées. Les pierres tombales n'ont pas encore connu l'usure de la lassitude et de l'oubli. Grises ou noires, veillées par la flamme d'une petite bougie, elles brillent d'une fierté étrangement placée, à qui est la plus belle pour représenter « son » mort.

Après le trou béant qui attend ma mère, un immense lopin de terre sèche, couleur sable, pas encore labouré, délimité au loin par un muret. L'espace vierge pour les prochains morts. Nous ne faisons que remplir le vide prévu à cet effet. Nous ne faisons que combler un trou.

Je regarde mamie. Ses joues zébrées de rouge. Elle s'écroule encore dans un cri. Elle hurle qu'elle aurait dû être la première.

La terre a recouvert maman emmaillotée. Le rabbin a fait ses prières. Et puis, c'était fini.

Je regarde mamie discuter en arabe avec le vieux gardien du cimetière avant de me rejoindre.

« Je lui ai donné un billet, j'ai réservé ma place à côté d'Odette. Il va m'installer un petit banc dessus. Je peux pas rester debout à cause de mon dos tordu. Comme ça, tous les jours, je viendrai m'asseoir auprès d'elle. »

Elle est venue pendant des années prier à l'endroit même où elle serait enterrée plus tard, son dos soulagé, penchée à pleurer et à gémir sur la pierre de sa fille. Ce banc sur sa future place de morte me fascine. Une fesse dans sa tombe.

Quand je reviens les jours suivants, je demeure seule face à maman. Je ne mets pas le pied sur le sable de l'emplacement de mamie, ni ne m'assois sur son banc. Je reste bien debout, je me tiens droite par respect et tenue. Je cherche un joli caillou dans l'étendue de terre sèche à poser sur sa tombe, suivant l'usage. Et puis j'essaie de me recueillir ou de lui parler, mais rien ne vient.

Alors je regarde juste cette pierre grise qui ne veut rien dire. Dessus, il y a des inscriptions en hébreu. Je ne comprends rien, à part deux mots et un nombre : Ode et Odette, et 53. Ils se sont trompés, elle avait 52 ans.

*Peu à peu, les images se sont estompées. J'ai continué à la protéger dans mon souvenir. Je vois bien les manques. Je les constate au jour le jour. Mais ma mère a été là plus que tant d'autres, à sa manière. Elle m'a donné ce qu'elle est.*

*Je me suis construite avec ce qu'elle m'a montré : être indépendante, ne pas avoir peur, tendre vers l'art. Par son attachement à sa liberté, son goût du voyage et de l'ailleurs, elle m'a transmis la confiance, la curiosité du monde. Un appétit pour l'aventure. Elle m'a appris à ne pas avoir peur. De partir, de quitter ou d'aller de l'avant. Pas peur du conflit. Pas peur d'être seule. De vivre seule. Pas peur du silence. Ni du noir.*

*Pourtant, j'ai peur de finir seule. Comme elle.*

*Tous ces moments ne sont pas les seuls souvenirs, Elle n'aura pas été que ça.*

*Il y a eu aussi le quotidien, les moments calmes, les choses normales. J'aurais voulu en savoir plus sur elle. Que l'on me raconte. Mais les gens, les amants, les amis, la famille, se souviennent si peu, ou trop vite.*

*Certains m'ont dit : « Elle avait du goût », « elle était d'avant-garde », « elle était à part », « elle était intelligente », « c'était une rebelle ».*

*Des hommes se sont souvenus, mais en pointillé. C'était si loin. « Elle était insaisissable », « elle disparaissait, elle apparaissait », « son sourire était fou », « elle était dans le moment présent », « on ne savait jamais ce qu'elle pensait ». Cette dernière phrase me fait douter : ma mère pensait-elle plus que ce qu'elle faisait sur l'instant ?*

*Elle n'expliquait pas, elle vivait. Voilà pourquoi je ne sais rien de plus que ce que nous avons vécu ensemble.*

*Ces souvenirs sont les plus saillants, déformés par ma mémoire. Je l'ai tellement aimée.*

*Ode était mon ciel et ma terre. Elle était mon Ode. Tout un poème.*

# Notes

1. Cité par Élisabeth Quin *dans Bel de nuit, Gérald Nanty* (Grasset, 2007).
2. Federico Garcia Lorca, *La Maison de Bernarda Alba*, traduction libre.

# Remerciements

Je remercie Alexandrine Duhin d'avoir su m'encourager, puis de m'avoir accompagnée, avec douceur, tout au long de ce chemin.
Je remercie Adeline Fleury, notre marieuse, pour sa disponibilité et ses corrections.
Je remercie Serge Bramly et Christophe Cousin pour leurs lectures bienveillantes, leurs remarques pertinentes et constructives. De vous savoir là était précieux.
Je remercie Alice Candelon, Sylvie Ohayon et Pauline Charneau.

Je remercie Jean-Christophe et Angelica qui ont partagé toute la fabrication, avec amour et distance.
Je remercie ceux qui m'aiment.

Composition et mise en pages
Nord Compo à Villeneuve-d'Ascq

Fayard s'engage pour
l'environnement en réduisant
l'empreinte carbone de ses livres.
Celle de cet exemplaire est de :
**0,600 kg éq. $CO_2$**
Rendez-vous sur
www.fayard-durable.fr

PAPIER À BASE DE
FIBRES CERTIFIÉES

11-0392-0/01
Dépôt légal : février 2017
Imprimé en Espagne par Industria Gráfica Cayfosa